国家社科基金项目"基于收入假说理论的我国国内旅游消费需求变化趋势研究"
（项目批准号：14XJY027）

学文
术库

兰州财经大学

我国国内旅游
消费需求变化趋势研究
—— 基于收入假说理论

周文丽◎著

中国财经出版传媒集团

经济科学出版社
Economic Science Press

·北京·

图书在版编目（CIP）数据

我国国内旅游消费需求变化趋势研究：基于收入假
说理论／周文丽著．－－北京：经济科学出版社，2024.2
（兰州财经大学学术文库）
ISBN 978 - 7 - 5218 - 5589 - 0

Ⅰ.①我…　Ⅱ.①周…　Ⅲ.①国内旅游 - 旅游消费 -
顾客需求 - 研究 - 中国　Ⅳ.①F592.68

中国国家版本馆 CIP 数据核字（2024）第 038745 号

责任编辑：杜　鹏　武献杰　常家凤
责任校对：王京宁
责任印制：邱　天

我国国内旅游消费需求变化趋势研究
——基于收入假说理论
WOGUO GUONEI LÜYOU XIAOFEI XUQIU BIANHUA QUSHI YANJIU
——JIYU SHOURU JIASHUO LILUN

周文丽◎著

经济科学出版社出版、发行　新华书店经销
社址：北京市海淀区阜成路甲 28 号　邮编：100142
编辑部电话：010 - 88191441　发行部电话：010 - 88191522
网址：www.esp.com.cn
电子邮箱：esp_bj@163.com
天猫网店：经济科学出版社旗舰店
网址：http://jjkxcbs.tmall.com
固安华明印业有限公司印装
710×1000　16 开　11.5 印张　200000 字
2024 年 2 月第 1 版　2024 年 2 月第 1 次印刷
ISBN 978 - 7 - 5218 - 5589 - 0　定价：96.00 元

前　　言

　　当前我国经济发展形势较为严峻，内部居民消费需求不振，外部国际贸易环境复杂，经济下行压力较大，在这种情况下大力发展国内旅游，对于提振居民消费信心、扩大内需、促增长、调结构以及改善城乡居民物质文化生活水平都具有重要意义。收入是影响旅游者出游的客观条件之一，正确认识居民收入水平与国内旅游消费需求之间的内在联系，有助于我们正确把握国内旅游消费的发展特点和发展趋势，采取有效措施以刺激国内旅游消费需求，促进国内旅游业的可持续发展。

　　西方经典的收入假说理论对收入对消费的决定性影响进行了一般性论述，从即期收入、持久收入到相对收入、生命周期，再到预防性储蓄、流动性约束，其理论发展已经较为成熟，国外学者们的相关学术研究也较为丰富。国内也有部分学者尝试利用这些假说解释中国居民的旅游消费行为，但目前的研究主要局限于凯恩斯绝对收入假说和杜森贝利的相对收入假说在旅游消费研究中的应用，研究还停留在初级阶段，且存在诸多争议。基于此，本书利用各种收入假说理论构建我国城乡居民国内旅游消费需求函数，通过实证检验及比较分析，探讨各消费函数在解释我国城乡居民国内旅游消费行为中的适用性；根据检验结果选择合理适用的消费函数，对我国城乡居民国内旅游消费需求的变化趋势作出预测；并在此基础上，提出刺激国内旅游消费需求增长、促进国内旅游有序发展的对策建议。主要研究内容及结论如下：

（1）研究分析了 1994 年以来我国国内旅游的发展历程，对城乡居民国内旅游消费规模、消费水平、消费率、消费倾向、消费结构、消费层次等方面进行了统计分析，认为我国城乡居民国内旅游消费正经历着消费规模从小到大、消费水平从低到高、消费意愿不断增强、消费结构从不合理到逐渐合理的动态发展过程。但其发展过程中也不可避免地存在一系列问题，主要表现为消费规模增长较为缓慢，消费水平还比较低，消费属于轻度滞后型消费，居民消费倾向不高，消费结构中食、住、行、游等非基本消费比重依然较高，消费层次依然偏低。

（2）研究在分析我国城乡居民国内旅游人均消费支出和人均可支配收入的历史演变的基础上，分析了两者的相关关系，认为城乡居民国内旅游消费和收入之间具有较高的相关性，城镇居民国内旅游消费和收入的相关系数是 0.911，农村居民国内旅游消费和收入的相关系数为 0.957。说明收入依然是影响我国城乡居民旅游消费的主要因素之一，城乡居民收入水平越高，旅游消费支出就越高；相较于城镇居民，农村居民收入和旅游消费的相关性更大，说明收入对其旅游消费的影响更大。

（3）研究基于绝对收入假说、相对收入假说、持久收入假说、生命周期假说、预防性储蓄和流动性约束理论，分别构建我国城乡居民国内旅游消费需求函数，并利用 1994～2017 年的城乡居民国内旅游消费人均支出和人均可支配收入数据对各模型进行实证检验，通过检验后的比较分析以及各模型预测效果的评价，认为基于预防性储蓄和流动性约束假说构建的国内旅游消费函数模型能更好地解释我国城乡居民国内旅游消费行为。

（4）研究以预防性储蓄和流动性约束理论为基础，结合旅游消费特征和我国城乡居民国内旅游消费现状，以城乡居民未来收入变化、流动性约束和预防性储蓄动机的变化、闲暇时间的变化以及旅游供给及消费环境的变化为预测依据，对我国城乡居民未来短期内的需求变化趋势进行了预测，认为短期内我国城乡居民国内旅游消费需求会保持现有的发展速度持续稳步增长，但如果考虑当前我国经济下行压力、居民实际收入增幅下降、居民依然存在的高储蓄率和流动性约束，那么我国城乡居民国内旅游消费增速也可能会放缓。

（5）基于上述分析，本书提出如下几点促进城乡居民国内旅游快速增长的对策建议：增加居民可支配收入，拓宽收入渠道，促进旅游消费；发展普惠金融，促进消费信贷，减少流动性约束；完善相关政策和体系，降低居民预防性储蓄动机；深化旅游供给侧改革，促进旅游产品和业态创新；深化假日制度改革，为旅游消费的增长提供保障；优化旅游消费环境，提升居民旅游消费信心。

周文丽

2024 年 1 月

目　　录

第 1 章

绪　　论

1.1　研究背景

1.1.1　旅游业将迎来新的黄金发展期，居民国内旅游消费需求会进一步释放

党的十八大报告强调，要加快建立消费需求长效机制，努力使服务消费成为拉动居民消费需求增长的重要动力。众所周知，旅游消费是服务消费的重要组成部分，扩大我国居民国内旅游消费对拉动服务消费需求增长具有重要意义。党的十八届三中全会以全面深化改革为主题，强调转变经济发展方式，推进服务业和文化产业发展，完善社会保障制度，建立公平的收入分配机制。党的十九大将"决胜全面建成小康社会"作为主题，指出中国社会当前的主要矛盾是人民日益增长的美好生活需要和不平衡不充分的发展之间的矛盾。旅游需要属于较高层次的需要，也显然属于人民追求美好生活的需要。党的十九大报告也明确指出要通过深化供给侧、完善收入分配制度等举措来满足我国居民旅游消费需要，进而促进旅游业的发展。党的二十大报告指出，着力扩大内需，增强消费对经济发展的基础性作用和投资对优化供给结构的关键作用。为深入贯彻党的二十大精神，国务院办公厅发布了《关于恢复和扩大消费的措施》，其中包括旅游消费在内的服务消费将成为政策的

重点发力对象之一。这些政策措施的贯彻和落实，将会使处于转型期和调整期的中国旅游业迎来新一个黄金发展期，城乡居民国内旅游消费需求将会进一步释放。

1.1.2 国内旅游消费在拉内需、促增长、惠民生方面的作用将进一步凸显

理论界认为大力发展旅游业尤其是国内旅游业，有利于满足我国城乡居民的精神需要，也有利于促进国民经济的健康发展。当前我国内部居民消费需求不振，外部国际贸易环境复杂，经济下行压力较大，在这种情况下，大力发展国内旅游、促进国内旅游消费，对于提振城乡居民消费信心、扩大国内需求、促进经济增长、调整经济结构以及改善城乡居民物质文化生活水平都具有重要意义。而旅游产业发展实践结果也证明大力发展国内旅游确实有着十分重要的作用。因此，随着我国城乡居民国内旅游消费需求的进一步释放，其在拉动内需、促进经济增长、提高居民生活质量方面的作用将会进一步凸显。

1.1.3 正确认识收入与旅游消费之间的关系有助于促进国内旅游业的可持续发展

收入是影响旅游者出游的客观条件之一，虽然近年来城乡居民收入水平大幅度提高，其对旅游消费需求的约束力逐渐趋弱，但依然是我国城乡居民，尤其是低收入居民国内旅游消费需求的决定性因素，所以旅游消费与收入之间的关系也一直是旅游学术界关注的焦点。正确认识居民收入水平与国内旅游消费需求之间的内在联系，有助于政府部门和旅游企业正确把握国内旅游消费的发展特点，并采取针对性的措施以刺激国内旅游消费需求，促进国内旅游业的可持续发展。

1.1.4　收入假说理论是研究收入与消费关系的有力理论基础

收入假说理论概况阐述了收入对消费的决定性影响，该理论从即期收入、持久收入到相对收入、生命周期，再到储蓄动机、流动性约束，其理论发展已经较为成熟，但目前国内学者的研究主要局限于凯恩斯绝对收入假说和杜森贝利的相对收入假说在旅游消费研究中的应用，研究还停留在初级阶段，并存在诸多问题。我国 20 世纪 90 年代的经济转型带来了很多不确定因素，增加了居民旅游消费的后顾之忧，城乡居民在旅游消费过程中会不会强化其预防性储蓄动机、会不会根据自身生命周期平滑自己的收入，学者们在研究中并没有太多关注诸如此类的问题。因此，本书遵循西方经济学经典理论的结论，重视中国国内旅游消费需求的实际情况而认为：第一，现阶段收入依然是我国居民国内旅游消费需求的决定性因素，所以，依据收入及其相关因素分析我国城乡居民国内旅游消费需求趋势具有一定的理论基础；第二，通过深入分析，深刻认识我国居民国内旅游消费需求的历史演变、掌握其现阶段的消费需求特征，了解其未来的消费需求变化趋势，对刺激国内旅游消费需求，促进国内旅游发展具有重要的现实意义；第三，西方经典的收入假说理论是研究消费需求有力的理论基础，但各类收入假说在我国城乡居民国内旅游消费方面的适用性尚需检验，运用通过检验、比较的理论模型来研究中国城乡居民的国内旅游消费需求问题会使研究结果更为准确、客观。

基于此，本书在分析我国城乡居民国内旅游消费需求与收入的历史演变及两者相关性的基础上，以西方经典收入假说理论为理论基础，构建旅游消费需求函数模型，深层次了解城乡居民收入与国内旅游消费需求之间的内在关系，通过各消费函数模型的实证检验，探讨各模型在解释我国城乡居民国内旅游消费需求时的适用性和准确性，根据检验结果，并结合我国城乡居民国内旅游发展现状，对城乡居民国内旅游消费需求变化趋势作出预测，并据研究结论提出促进城乡居民国内旅游消费的对策建议。

1.2　研究目的和意义

1.2.1　研究目的

本书的研究目的主要有：

（1）我国城乡居民国内旅游消费需求和居民收入的历史演变及两者的相关性分析。阐述中国旅游业发展历程和国内旅游业发展现状，从消费规模、消费水平、消费结构和消费层次等方面分析了解城乡居民国内旅游消费特征及演变情况，阐述城乡居民收入的历史演变情况，并对收入与旅游消费的相关性进行分析。

（2）城乡居民国内旅游消费函数模型构建及实证检验。详细阐述绝对收入假说、相对收入假说、生命周期假说、持久收入假说、预防性储蓄和流动性约束等假说理论及其核心要素对我国城乡居民国内旅游消费需求的影响。基于这些收入假说理论构建我国城乡居民国内旅游消费函数模型，并据此深入了解收入与城乡居民国内旅游消费之间的联系，并对模型进行检验、比较，了解各种消费函数模型在解释我国城乡居民国内旅游消费行为时的适用性。

（3）基于收入假说的城乡居民国内旅游消费需求变化趋势研究。根据上述检验结果，选择合理适用的消费函数模型，结合城乡居民现阶段发展特征，对城乡居民国内旅游消费需求的变化趋势进行分析预测。

（4）对策建议。依据城乡居民国内旅游消费需求变化趋势研究结论，结合城乡居民国内旅游发展现状，提出刺激城乡居民国内旅游消费需求增长、促进国内旅游有序发展的政策建议。

1.2.2　研究意义

1.2.2.1　理论意义

西方经典的收入假说理论对收入及消费的决定性影响进行了一般性论

述，从即期收入、持久收入到相对收入、生命周期，再到储蓄动机、流动性约束，其理论发展已经较为成熟，但目前国内学者的研究主要局限于凯恩斯绝对收入假说和杜森贝利的相对收入假说在旅游消费研究中的应用，研究还停留在初级阶段，且存在诸多争议。本书尝试利用各种收入假说理论构建我国城乡居民国内旅游消费需求函数，了解国内旅游消费与收入之间的内在联系，并通过比较检验各种模型在解释我国城乡居民国内旅游消费需求中的适用性，对弥补旅游消费与收入关系的理论研究不足，完善理论研究体系具有一定的理论意义。

1.2.2.2 实践意义

本书通过统计分析，较为深刻及全面地分析了我国城乡居民国内旅游消费特征及其演变，在此基础上，以收入假说理论为基础构建旅游消费函数模型，并通过模型的实证检验，分析我国城乡居民国内旅游消费与收入之间的内在关系，探讨各模型在解释我国城乡居民国内旅游消费行为时的适用性，预测城乡居民国内旅游消费未来的发展变化趋势，并据此提出促进城乡居民消费增长的对策建议。研究结论有助于相关政府部门和旅游企业掌握城乡居民国内旅游消费特征及其变化趋势，了解当期城乡居民旅游消费受收入影响的程度及路径，从而可以为我国国内旅游业发展政策的制定提供参考，对刺激国内旅游消费需求，促进国内旅游业发展，进而促进内需、经济发展以及居民生活水平提高和生活质量改善都具有重要现实意义。

1.3 国内外研究进展及评析

1.3.1 国外研究综述

综观文献资料，国外学者对旅游消费的研究主要包括消费需求行为模式及特征、消费需求影响因素、消费需求预测、消费函数四个方面。

（1）消费需求行为模式及特征。在消费需求行为模式及特征的研究上，国外学者主要从需求决策的角度研究需求模式及特征，认为旅游需求是一种休闲需求，消费者根据个人的闲暇时间、收入水平及休闲偏好等决定消费形式，以实现效用最大化（Deasy G，1996；Lancaster J K，1977）。

（2）消费需求影响因素。外对旅游需求影响因素的研究以定量为主，主要有两种思路：一是从推力、拉力及阻力三个方面分析旅游消费需求的影响因素（Douglas C. Frechling，1996）；二是以经济因素为着眼点，从经济、非经济及特殊事件三方面探讨旅游消费需求的影响因素（Aki Sengin，1998；Munoz T G，2007）。

（3）消费需求预测。旅游消费需求总量是国外学者的主要预测对象，其研究主要集中在预测方法和模型的选择及效果的评价上。回归、移动平均、指数平滑等基础时间序列预测方法以及自回归移动平均和神经网络等方法，因为其发展相对成熟、计算简单、操作容易、对数据的要求较为宽松，是国外学者普遍运用的预测方法。误差修正模型、接近理想需求方法等计算难度较大、对数据的要求较高的方法，在国外运用较多（任来玲，2006；陶伟，2010）。

（4）消费函数。消费函数是反映消费支出与影响消费支出的因素之间关系的一种函数关系式，它最先由凯恩斯于1936年在《就业、利息和货币通论》一书中提出。凯恩斯认为，可支配收入与消费之间存在相当稳定的关系，这个关系可以表示为一个函数，称为消费函数。影响人们消费支出的因素主要有两类，即主客观因素。主观因素包括一个人的心理特征、当地的社会习俗与社会制度，社会制度和社会习俗在短时期内不会有重大变动。客观因素包括利率与财政政策的变动等，短期内也不会有太大改变。因此，消费函数是一个相对较为稳定的函数。凯恩斯的消费函数只讨论收入与消费之间的关系，该理论被称为绝对收入假说理论，其消费函数被称为绝对收入假说消费函数。此后，西方经济学家对消费函数进行了大量且深入的研究，先后又提出了相对收入假说、持久收入假说、生命周期假说、流动性约束及预防性储蓄等若干新的假说及相应的消费函数式。这些收入假说及其相应的函数被广泛运用于宏观经济分析中。

1.3.2 国内研究综述

1.3.2.1 消费需求行为模式及特征

国内学者的研究主要集中在两个方面：一是从地理学视角分析旅游者的空间行为特征（陆琳，1996；杨新军，2000；钟士恩，2009；马耀峰，2008；徐冬冬，2017）和旅游需求的空间特征及其调整（陈文阵，2003；马丽君，2017；张舒宁，2018）；二是从消费行为学视角对旅游者消费行为特征进行分析（崔痒，1995；梁旺兵，2005；杨丽萍，2005；张维亚，2015）以及对消费者旅游消费动机进行分析（付建华，2006；梁雅丽，2017；赵海溶，2018）。与此同时，也有学者开始从消费经济学视角利用统计方法对旅游消费需求总量、结构、水平、层次等特征进行统计分析（刁宗广，2009；周文丽，2011；余凤龙，2013）。

1.3.2.2 消费需求影响因素

国内学者普遍认同可自由支配收入和闲暇时间两个影响因素，对于其他影响因素及其分类的研究则众说纷纭。早期的研究根据侧重点不同大致可以归纳为两种：第一种从宏微观角度将其影响因素分为社会因素和个人因素，其中，社会因素包括经济、社会文化、法律、特殊事件、旅游供给等，个人因素包括收入、闲暇时间、旅游动机、身心障碍、消费意识等（谢彦君，1999；保继刚，1999；关勇，2007）；第二种从旅游流的角度将其影响因素划分为目的地因素、客源地因素及旅游媒介因素（牛亚菲，1996；卞显红，2003；王艳平，2005）。根据研究范围的不同可以归纳为以下两种：第一种研究整体旅游市场的消费需求的影响因素，包括国内旅游、入境旅游及出境旅游市场（张运来，2002；关勇、麻永建和朱诚，2007；雷平和施祖麟，2009；王超，2017；蒋依依，2017；林玉虹，2018）；第二种侧重研究国内旅游市场中的城乡居民国内旅游消费需求的影响因素（吴必虎，1994；滕丽等，2004；翁钢民等，2007；周文丽，2011；孙颖，2018）。在城乡居民国内旅游消费需求的影响因素中，学者们一直认为，收入依旧是影响城乡居民国内旅游消费的主要因素，且存在城乡差距。从长期来看，收入对农村居民的影响显著大于城镇居民。同时，学者们研究了不同收入对城乡居民旅游消费需求的影响，城镇居民家庭可支配收入和家庭人口结构显著影响居民家庭的旅游消费决策与旅游消费支出（易行健，2016）。不同来源的收入对农村居民旅游消费需求的影响也不相同，其中，工资性收入和经营性收入对农村居民旅游消费需求的影响更为显著（杨勇，2015）。

近年来，有学者基于金融和风险防范视角，探讨了金融资产、房地产价格和保险对居民旅游消费的影响，认为就旅游消费而言，存在房地产财富效应、金融资产财富效应和社会保险效应。房地产财富效应小于金融资产效应，即金融资产对居民旅游消费的拉动作用大于房地产资产的拉动作用，存款类金融资产对居民旅游消费的影响明显比股票类金融资产的影响要显著。而房地产对我国居民旅游消费的财富效应可以用外部因素来调节，如适当宽松的信贷环境将有利于财富效应的释放。保险效应显示，社会保险和商业保险均能显著影响居民旅游消费支出（刘晶晶，2016；王克稳，2017，2019）。

1.3.2.3 消费需求预测

国内学者的主要预测对象也是旅游消费需求总量，其研究主要集中在预测方法和模型的选择及效果的评价上。回归法、移动平均、指数平滑等基础时间序列预测方法以及自回归移动平均和神经网络等方法，因为发展相对成熟、计算简单、操作容易、对数据的要求较为宽松，是国内外学者普遍运用的预测方法。灰色预测方法因为在研究"小样本、贫信息、不确定"问题方面的优越性，被国内学者运用得较多。误差修正模型、接近理想需求方法等方法因为计算难度较大，且对数据的要求较高，我国旅游消费统计数据难以满足其要求，故而在国外运用较多（任来玲，2006；陶伟，2010）。各种预测方法中并无最优的适用于所有情况的预测方法，在预测时应综合考虑各种预测方法的特点、预测问题本身的特点以及数据的充分性等因素，选择最合适的预测方法（李天元，2006）。

1.3.2.4 旅游消费函数

中国学术界从20世纪80年代开始进行消费函数的理论和实证研究，消费函数已经被广泛运用到中国宏观经济分析模型中。学者们的研究主要集中在利用各种收入假说理论及其消费函数来分析中国居民收入与消费之间的内在关系，验证各种收入假说理论在中国的适用性。近年来，国内学者们开始将收入假说理论及其函数运用到旅游领域，研究旅游消费函数，但此类研究并不多见，且研究结论存在较大争议。周文丽、刘冬平等基于凯恩斯绝对收入假说理论构建旅游消费函数模型，分析了我国城乡居民国内旅游消费与其当期绝对收入之间的关系，结论显示收入依然是影响我国城乡居民国内旅游消费的主要因素，且该种影响存在城乡差距，收入对农村居民旅游消费的影响显著大于对城镇居民旅游消费的影响（周文丽和李世平，2010；刘冬平，2018）。谢强（2018）基于相对收入假说，构建城乡居民国内旅游消费模型，分析相对收入与旅游消费之间的关系，认为城乡居民的收入与消费习惯对当期的旅游消费影响显著。庞世明（2014）基于西方收入假说理论，构建国内旅游消费函数模型，通过探讨各种假说理论来解释国内旅游消费的适应性，认为中国居民旅游消费和当期收入之间不存在长期协整关系，基于绝对收入假说构建的旅游消费函数不能解释中国居民的国内旅游消费行为；农村居民的国内旅游消费行为通过了持久收入假说、合理预期的动态消费函数以及滞后调整的动态消费函数的实证检验，而这些消费模型的内在一致性说明农村居民的旅游消费受其持久收入影响，由于社会保障制度不够健全，农村居民医疗、养老、子女教育等支出具有较大的不确定性，使得其实际收入和预期收入水平下降，从而导致其旅游消费偏低；城镇居民的国内旅游消费行为无法用西方经典消费函数来解释，主要原因在于旅游消费行为依靠闲暇时间，而城镇居民的闲暇时间受到严格的制度约束。徐翠蓉等（2017）的研究表明，西方传统消费函数可以很好地解释我国总体居民消费行为和农村居民旅游消费特征，但城镇居民旅游消费行为不能被任何一个消费函数理论所直接描述；总体居民旅游消费行为可由生命周期假说消费函数模型来解释，农村居民旅游消费行为可由理性预期假说消费函数模型所解释；城镇居民旅游消费水平同收入及余暇之间存在长期协整关系，且这种长期的均衡关系对各变量短期波动造成的偏离均衡水平存在较强的自我调整机制。同时，我国城镇居民存在较高的自发性旅游消费，且其受假期影响高于受收入因素的影响。

1.3.3 国内外研究评析

综上所述，国内外有关旅游消费需求的研究已经取得了较为丰硕的成果，国外的旅游消费需求研究起步较早，研究成果更为丰富，研究领域更为广泛，研究更为深入细致。国内旅游消费需求研究起步较晚，研究成果从数量上看，已经具有一定的规模，但从内容看，研究尚存在以下不足：一是入境旅游消费需求的研究较多，我国国内旅游消费需求的研究仍显薄弱。二是国内旅游消费需求影响因素的定性研究较多，利用消费函数进行定量研究的相对较少，消费函数是决定消费行为的函数，即消费与其决定性因素之间的关系的数学描述。近年来，国内很多学者运用现代经济学理论对中国消费函数进行了大量研究。然而，却很少有针对旅游消费函数的研究，且现有的少数相关研究，其研究结论也存在较大争议。三是国内旅游消费需求变化趋势预测研究较为薄弱，研究方法主要基于收入与旅游消费支出之间的相关关系，以简单回归预测居多，或者基于历年旅游消费数据进行趋势外推预测，而基于西方收入假说理论构建消费函数模型，验证模型的适应性，并在此基础上对国内旅游消费需求的未来变化趋势进行分析预测的研究非常少见。基于此，本书基于收入假说理论构建我国城乡居民国内旅游消费需求函数，对各需求函数在解释我国居民国内旅游消费需求行为中的适用性进行实证检验，在此基础上，根据检验结果，选择合理适用的消费函数，对我国居民国内旅游消费需求的变化趋势作出预测，并提出发展建议。

1.4 研究内容及方法

1.4.1 研究内容

本书的研究思路：首先，在分析我国城乡居民国内旅游消费特征的基础上，基于相关理论，利用统计分析方法，对我国城乡居民国内旅游消费需求和收入的历史演变及两者的相关性进行统计分析；其次，基于收入假说理论构建我国城乡居民国内旅游消费需求函数，对各需求函数在我国城乡居民国内旅游消费需求中的适用性进行实证检验；最后，根据验证结果，选择合理适用的消费函数，对我国城乡居民国内旅游消费需求的变化趋势作出预测，并在此基础上，提出刺激国内旅游消费需求增长、促进国内旅游有序发展的对策建议。其技术路线如图1-1所示。

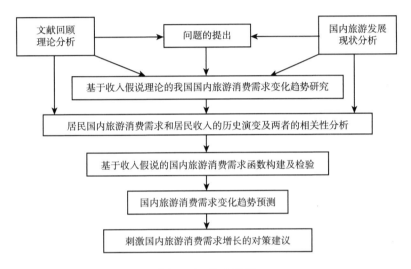

图1-1　技术路线

根据上述研究思路，本研究的结构安排如下：

第一部分为绪论。主要是阐述本书的研究背景、研究意义、研究目的、研究思路、研究方法等，综述及评析国内外旅游消费需求及其预测的相关文献，提出本书可能的创新之处。

第二部分为概念界定与理论基础。在界定旅游消费相关概念的基础上，阐述旅游消费的特征和影响因素，回顾绝对收入、相对收入、持久收入、生命周期、预防性储蓄、流动性约束等收入假说理论，并阐述其核心要素对旅游消费需求的影响。

第三部分为我国国内旅游消费的历史演变及其与收入的相关性分析。阐述中国旅游业发展历程和国内旅游业发展现状，主要从旅游消费总量、消费水平、消费结构和消费层次等方面较为全面、深刻地统计、分析了城乡居民国内旅游消费特征及演变情况，阐述城乡居民收入的历史演变情况，并对居民收入与国内旅游消费的相关性进行分析。

第四部分为基于收入假说的国内旅游消费需求函数模型构建。基于绝对收入、相对收入、持久收入、生命周期、预防性储蓄、流动性约束等收入假说理论，分别构建我国城乡国内旅游消费需求函数模型。

第五部分为基于收入假说的国内旅游消费需求函数实证检验。通过平稳性、异方差、相关系数及 B－G 等检验和预测结果评价，对前面构建的各消费函数模型在解释我国城乡居民国内旅游消费行为时的适用性及优劣势进行比较。

第六部分为基于收入假说的城乡居民国内旅游消费需求变化趋势预测。根据上述验证结果，选择能够解释我国城乡居民国内旅游消费需求的消费函数，根据其核心要素的未来发展变化趋势，并结合城乡居民国内旅游消费现状及消费环境等要素，对我国城乡居民国内旅游消费需求的变化趋势进行预测。

第七部分为结论及对策建议。在概述本书研究结论的基础上，提出刺激国内旅游消费需求增长、促进国内旅游有序发展的对策建议，并分析研究中存在的不足，探讨需要进一步研究的问题。

1.4.2 研究方法

（1）理论思维方法：通过文献查阅、网络检索等手段综合分析、归纳总结国内外相关研究，在比较优势和不足的基础上，确定本书的研究视角、研究内容和研究思路，使研究更具科学性、合理性。

（2）统计分析与数理建模：利用历史统计数据，对我国城乡居民国内旅游消费需求的历史演变及现阶段的特征进行统计分析；依据收入假说理论，利用回归和计量等方法，构建我国城乡居民国内旅游消费函数模型，验证假说并预测城乡居民国内旅游消费需求未来的变化趋势。

（3）比较分析：对我国国内旅游消费需求的历史演变、现阶段的特征及未来的变化趋势分城乡进行比较研究；通过旅游消费函数模型的实证检验，对使用各收入假说理论模型解释我国城乡居民国内旅游消费需求行为时的适用性进行比较分析。

1.5　本书可能的创新之处

（1）在研究视角和方法上。以往学者在研究我国国内旅游消费需求变化趋势时，主要依据旅游消费历史数据，利用简单回归预测法或趋势外推等方法，对消费总量、消费水平及出游人次等作出预测。本书依据西方收入假说理论研究我国国内旅游消费需求问题，构建旅游消费函数模型，通过模型的实证检验探讨模型的适应性，并据此分析城乡居民国内旅游消费与收入的关系，对国内旅游消费需求趋势作出预测，研究视角和研究方法具有一定的创新性。

（2）在研究内容上。以往研究侧重利用某一个假说，单独对总体国内旅游或城镇居民国内旅游或农村居民国内旅游的消费需求进行消费函数构建，探讨居民国内旅游与居民收入之间的关系。本书利用各收入假说理论构建消费函数模型，对我国城乡居民国内旅游消费需求进行比较研究，探讨各消费函数的适用性，并据此了解城乡居民国内旅游消费特征和发展趋势。因此，研究内容更为全面、更为系统，具有一定的创新性。

第 2 章

概念界定与理论基础

2.1　旅游消费需求的概念及特点

2.1.1　消费需求的概念界定

史密斯（2006）认为，需求有多种解释：第一个定义是新古典主义经济学的定义，即需求是以各种价格被消费掉的一定数量的商品和劳务；第二个定义是需求也指实际的消费，表示在特定价格下的具体消费量，这是"需求"一词最普遍的用法；第三个定义是指潜在需求，即潜在消费水平同观察消费水平之差量。这种差量可能是由于供给不足、价格过高、安排不当或其他障碍所引起的；第四个定义是需求也用来指未来的消费预测。

尹世杰（2000）认为，需要是指为了满足自己的生存、发展及享受等需要，人们设法获取精神财富的一种愿望或者欲望。需求则是指人们通过有支付能力的购买行为而实现的某种愿望，是需要的实现，所以，需求与需要的本质区别就在于需求是一种有支付能力的购买。尹世杰有关需求的定义其实等同于上述史密斯对需求的第二种解释，即需求就是指实际的消费。

根据上述学者对需求的解释，本书将消费需求界定为消费需求是指为满足自己的生存、发展及享受等需要，人们在特定价格条件下，购买物质产品和精神产品的所有货币支出，其实质就是一种现实的消费。因此，本书此后提到的消费需求与消费的概念是等价的，主要指实际的消费支出。

消费数量和消费结构是反映消费需求的两个基本指标。消费数量是指在一定的社会、经济条件下，人们在消费过程中所购买的物质产品和劳务的数量，可以用人们消费过程中消费的物质产品和劳务的具体数目来表示，也可以用购买物质产品和劳务所支付的货币金额来反映。用货币形式表示的消费总量一般指人们在消费过程中购买物质产品和劳务的全部货币支出总额。消费结构是指在特定条件下，人们在消费过程中所购买的不同类型的物质产品及劳务的比例关系。消费结构有价值和实物两种形式，前者是指以货币形式表现的、人们在消费过程中所消费掉的各种物质产品和劳务的比例关系，而后者则指人们在消费过程中所消费掉的各种物质产品和劳务的种类及其数量关系（尹世杰，1999）。根据不同的标准，可以将消费结构划分为不同的类型。从满足人们不同需求层次的角度，可以将消费划分为生存消费、享受消费和发展消费；从消费的供给形式，可以将其划分为商品性消费和自给性或社会福利性消费；从消费资料的具体用途可以将消费划分为食、住、行、用等消费；从消费资料存在的形态可以将消费划分为物质资料消费和劳务消费；按照具体用途划分的消费结构有利于反映一定时期居民的消费水平，便于进行各个时期、各个国家或地区间的量化比较，因此，经济学角度的居民消费结构分析一般是基于这一划分方式进行的。

2.1.2 旅游消费需求的概念界定

消费是旅游者在旅游活动过程中最显著的特征之一，旅游者的消费水平和消费总量对接待地经济发展具有一定的经济意义，所以，旅游消费需求的研究一直是旅游学研究的传统领域，被学者们广泛关注。但是，由于旅游和旅游产品概念的不统一及学者们研究角度的不同，旅游消费的概念各不相同，在旅游消费的实质、对象、内涵、性质等方面存在一定的差异。在各旅游消费的概念中，比较有代表性的主要有以下几种。

林南枝和陶汉军（1994）从行为学的角度将旅游消费定义为人们在旅游过程中，通过购买旅游产品来满足个人享受和发展需要的行为和活动。世界旅游组织从旅游者的角度出发，将旅游消费看作是由游客使用或为他们而生产的旅游商品和服务的价值，并将其和国民经济核算体系中的最终消费的概念紧密联系在一起，把旅游消费看作在总量上与旅游收入相等的指标（王大悟和魏小安，1998）。田里（2006）则综合了上述两种观点，认为旅游消费，从动态意义上来讲，是指人们支付货币购买旅游产品以满足自身旅游需求的行为（过程）；从静态意义上讲，是指由游客使用或为他们而生产的旅游商品和服务的价值。

在现实中，旅游消费更多地体现为一个经济学术语，因此，大多数学者从经济学角度将旅游消费看作人们在旅游过程中的消费支出。学者们的表述虽有不同，但实质并无多大差别。罗明义（2001）认为，旅游消费作为居民消费的重要组成部分，是指人们在旅行游览过程中，为满足其享受和发展的需要，而消费的各种物质资料和精神资料的总和，是人们在衣、食、住、行等基本物质生活需要得到满足后，随着收入的提高和闲暇时间的增多而产生的高层次消费，并认为旅游消费是对旅游产品的消费，而旅游产品是包括食、住、行、游、购、娱在内的综合性旅游产品。因此，旅游消费不同于一般物质产品的消费，具有综合性、消费与生产的同一性、不可重复性、变动性和替代性等特征。

宁士敏（1999）指出，旅游消费作为一种较高层面的消费是指旅游主体（旅游者）在有时间和资金保证的情况下，从满足个人享受和发展的需要出发，凭借旅游服务媒体创造的条件，在旅行游览过程中购买食、行、住、游、购、娱等旅游客体的货币支出总和。

谢彦君（2004）认为旅游消费的概念有狭义和广义之分，狭义的就指旅游消费，而广义旅游消费实际上是指旅游者消费，旅游消费与旅游者消费是不同的。如果把旅游者在旅游过程中所购买的物品和服务进行分解就可以看出，旅游者消费在构成上较为复杂，包含了旅游消费的内容。旅游者在消费过程中，购买的产品不仅包括核心旅游产品，还包括能使旅游活动得以顺利进行的媒介型旅游产品、旅游购物品及在旅游过程中满足基本生活需要的一般消费品。狭义的旅游消费主要指旅游者以购买可借以进入景区（景点）进行观赏或娱乐的票证的方式消耗个人积蓄的过程，其等价于旅游者对核心旅游产品的消费。而旅游者消费是指旅游者在旅游过程中购买和享用组合型旅游产品的过程，从量上来看，它意味着旅游者在旅游过程中货币支出的总和，从对应关系来看，是对组合旅游产品的消费，是形成旅游业收入的源头。因此，在现实中，人们更为关注旅游者消费，而人们通常意义上所说的旅游消费在大多数情况下实际是指旅游者消费。

张辉和厉新建（2004）也提出了旅游者消费的概念，但他们认为旅游者消费是以价值形态来衡量的旅游需求的数量，包括旅游者消费总额、旅游者人均消费额和旅游者消费率三个指标。其中，旅游者消费总额是指一定时期内旅游者在旅游目的地的全部货币支付，包括旅游者在旅游活动中所购买的各种商品和各项服务的开支，如餐饮费、住宿费、交通费、娱乐费和购物花费等。对于目的地来说，旅游者消费等同于目的地旅游收入，对目的地具有重要的经济意义。

综上所述，结合其研究内容，本书主要从经济学角度对旅游消费进行界定：旅游消费需求是指用价值形式衡量的旅游需求数量，是人们在旅游过程中购买旅游产品的全部货币支出。这里所指的旅游产品是指包括食、住、行、游、购、娱等在内的综合性旅游产品。国内旅游是指本国居民离开自己的常住地到国内其他地方进行的旅游。因此，国内旅游消费需求就是指在一定的时间内，我国居民在离开自己的常住地到国内其他地方进行旅游的过程中购买旅游产品的全部货币支出总额。城镇居民国内旅游消费需求指一定的时间内，城镇居民离开自己的常住地到国内其他地方进行旅游的过程中购买旅游产品的全部货币支出总额。农村居民国内旅游消费需求就是指一定的时间段内，农村居民离开自己的常住地到国内其他地方进行旅游的过程中购买旅游产品的全部货币支出总额。

一般而言，旅游消费需求通常用旅游消费需求总量、旅游消费需求结构以及旅游消费需求水平等基本指标来反映和衡量。旅游消费需求总量主要是从旅游目的地的角度而言的，主要是指一定的时间段内，某旅游目的地所有的旅游者因购买旅游产品而在旅游目的地的全部货币支付总额，包括购买食、住、行、游、购、娱等各项商品和服务的开支总额。对于目的地来说，旅游者的旅游消费支出总额在量上等同于旅游目的地的旅游收入。居民国内旅游消费水平是居民在国内旅游消费中所能达到并维持的一种状态。其有狭义和广义之分，狭义旅游消费水平是指按人口平均的旅游消费品的数量，可以用货币表示，如人均旅游消费支出；广义的旅游消费水平不仅包括消费的旅游产品的数量，还包括旅游消费品的质量，本书探讨的是狭义的旅游消费水平，即我国居民国内旅游人均消费支出。

旅游消费需求结构是指旅游者在旅游消费过程中所购买的各种不同类型的旅游产品及其相关消费资料的比例关系（田里，2006）。旅游消费结构可以从不同的角度进行划分：根据旅游消费对象的物质形态，可以将其划分为实物消费和劳务消费；按照旅游消费形态，可以将其划分为物质消费和精神消费；根据旅游消费层次，可以划分为生存消费、享受消费和发展消费；按照旅游消费目的，可以划分为观光游览、探亲访友、休闲度假、商务会议、宗教朝拜等方面的消费。其中，观光游览、探亲访友属于基础层次的消费，休闲度假属于提高层次的消费，商务会议等专项旅游是最高层次的消费，层次较高的消费在总消费中的比值反映一地旅游经济的发展水平及其对经济增长的影响程度；根据旅游消费资料用途的不同，可将其划分为吃、住、行、购、游、娱六个方面的旅游消费，根据这六个方面消费需求的重要性和必要性又可以将旅游消费划分为基本旅游消费和非基本旅游消费。基本旅游消费是指旅游者在进行一次完整的旅行游览活动时所必需的且基本稳定的消费，如餐饮、住宿、交通、游览等方面的消费，而非基本旅游消费则指并非每次旅游活动都必需的且具有较大需求弹性的一些旅游消费，如娱乐、购物、医疗保健、通信等消费。非基本旅游消费在总旅游消费中的比重常被看作反映一地旅游经济发展水平的重要标志。由于按照消费层次、消费形态和消费目的划分的消费结构，有时候相互交错、界限模糊、难以区分，且统计资料有限，难以量化。而从六要素角度考察旅游消费结构特征，有助于了解旅游地的性质，了解旅游业发展为目的地带来的经济效益及其结构来源，认识旅游业的潜力所在，判断旅游者的消费水平，且便于量化。因此，旅游学界一般所说的旅游消费结构主要指按照用途划分的消费结构。

2.1.3　旅游消费的特点及其作用

旅游消费是人们的基本生活需要得到满足后产生的高层次消费需求，从其经济影响的角度来看，旅游消费具有不同于一般传统产品消费的特点（田里，2006；罗明义，2001）。

（1）旅游消费的综合性。从旅游消费活动的构成来看，游是旅游活动的中心内容，但为了到达游览目的地，旅游者必须借助一定的交通工具，在旅途中购买一定的生活必需品，解决吃、住等问题，所以，旅游消费是一种集食、住、行、游、购、娱等为一体的综合性消费活动。从参与实现旅游消费活动的部门来看，诸如交通、餐饮、住宿、商贸、邮电通信、海关、文物、园林、环保等经济和非经济部门都参与旅游消费活动的实现，旅游消费活动的实现是多个部门共同参与的结果，从这一点来说，旅游消费也具有综合性特点。旅游消费活动的综合性决定了旅游消费活动是一种涉及面广、产业关联性强的经济活动，所以，旅游消费的发展能够直接或间接地带动交通、住宿、餐饮、商贸、建筑、邮电、通信、金融、外贸、轻纺工业等相关产业的发展，从而促进整个国民（区域）经济的发展。

（2）旅游消费的服务性。旅游消费实质上是一种服务消费，服务贯穿于旅游者从常住地到目的地、在目的地参观游览再返回常住地这一消费过程的始终。在这一过程中，旅游者为满足基本的心理需要，虽然必须消费一定量实物形态的产品，但从总体来看，服务消费仍占主导。旅游服务以劳务活动的形式存在，形成旅游产品的特殊形式，当旅游者享用这一产品时，产品的价值得以实现，旅游活动一旦结束，旅游产品的价值就不复存在，即旅游服务的提供必须以旅游者的存在即旅游者的实际购买为前提。旅游消费的服务性决定了旅游消费在带动就业方面所具有的潜能，与一般产品消费相比，旅游消费往往具有较为明显的就业效应。旅游消费的发展会带动旅游酒店、景区、旅行社等旅游企业直接就业人数和交通运输、商贸流通等相关行业间接就业人数的增加，从而促进经济增长。

（3）旅游消费的异地性。在一个完整的旅游消费过程中，旅游者消费的核心旅游产品是凭借一定的旅游资源开发的旅游景点、景区或旅游地，该旅游产品的不可转移性决定了旅游消费的异地性，即旅游者必须离开自己的常住地，离开熟悉的生活环境，克服空间上的距离，到达核心旅游产品所在地，才能实现旅游消费。旅游消费的异地性决定了旅游消费对目的地国家或地区来说具有输入性的特点，因此，正如进口一样，旅游消费对促进目的地国家或地区经济发展具有积极作用。具体来看，就入境旅游来说，其对赚取外汇、平衡国际收支、促进目的地国家或地区经济发展具有积极作用；而对于国内旅游来说，其能促进财富在不同地区之间合理流动，对缩小地区差距、促进区域经济均衡增长，具有一定的积极作用。

（4）旅游消费的伸缩性。伸缩性是指人们所需消费品数量、质量及品种之间的差异，以及旅游消费随着影响消费诸因素的变化而表现出的扩大或缩小的状态趋势。旅游消费的伸缩性主要表现在两个方面：一是旅游消费的无限性。旅游消费是人们基本的生活消费得到满足后产生的一种高层次消费需求，因此，只要条件允许，其消费具有无限性特点。随着社会经济的发展及人们收入和消费水平的提高，其消费趋势必定不断增强。二是旅游消费的需求弹性较大。旅游消费的高层次性、综合性、服务性及异地性等特点决定了旅游消费不仅受到价格、收入等因素的影响，还受到政治经济形势、自然条件、旅游者自身因素、目的地因素、旅游出行因素、旅游服务因素等多种微观及宏观因素直接或间接的影响，因此，具有较大的消费需求弹性。旅游消费的无限性和较大的需求弹性特点表明了旅游消费的经济潜能，如果合理引导，旅游消费必将在带动经济增长方面发挥重要作用。同时，由于旅游消费受多种因素的影响，对于一个依赖旅游业发展的国家或地区来说，旅游消费的不稳定性及其对经济增长的影响也是必须考虑的重要方面。

2.2　旅游消费需求的影响因素

研究消费需求，旅游消费需求的影响因素的研究必不可少，公认的消费需求决定因素是可支配收入，然后是财富等其他因素。旅游消费需求也一样，影响因素的研究是其主要研究内容之一。旅游需求是多种复杂因素交互作用的结果，这些因素包括旅游产品价格、其他相关物品价格、个人可支配收入、其他财富、个人旅游需要和动机、闲暇时间等主观和客观因素。

2.2.1　旅游消费需求与旅游产品价格

价格是商品价值的货币表现，是消费者借以作出购买决策的最重要的依据。在消费者眼中，价格意味着商品的潜在效用，诠释着消费者的购买力。因此，价格对旅游需求的影响直截了当。一般经济学理论认为，在其他因素不变的情况下，商品的需求量与价格之间呈反比例关系，人们在一定时期内购买的商品数量会随商品价格的提高而降低。对于旅游消费来说，其规律依然适用，因为人们收入的增长毕竟有限，所以价格的提高依然会制约旅游消费，而且旅游产品与人们消费的其他休闲产品之间存在一定的替代关系。但旅游产品毕竟是特殊的产品，价格对旅游需求的影响就不会像一般消费品一样以单一的规律表现出来。旅游在当下对我国部分居民来说还是类似于珠宝等一样的奢侈品，所以，有些时候因其昭示身份地位的炫耀功能，旅游消费和商品价格之间的关系就会违背一般需求规律，即需求量会随着产品价格的提高不会减少反而增加。如果把旅游过程中购买的旅游产品分成核心旅游需求项目（如对观赏对象物的需求）和其他需求项目（如交通、住宿等）的话，一般情况下，其他旅游需求项目及一般核心旅游需求项目的需求规律可能与上述一般需求规律相吻合，但当核心旅游产品是垄断性的、知名度高的、有很好口碑的产品时，其需求规律可能会与上述一般规律出现悖反情况。

同时，在旅游者旅游消费的不同阶段，价格对旅游消费需求的影响也不相同，在旅游者尚未出行的决策阶段，旅游者将旅游产品看作一个整体，将所有费用总体预算，这时候旅游消费的高价格弹性的特点就会显示出来。但当旅游者处于旅游过程中时，会不断出现新的决策问题，有时候为了不影响整个旅游行程，价格对旅游消费的作用就显得不那么重要了。

2.2.2 旅游消费需求与可支配收入

可支配收入是公认的影响旅游消费需求的最主要因素之一。如果影响一个人收入水平的宏观因素不变，那么个人可支配收入与旅游消费需求之间的关系一般是正比的关系。收入的增长不仅意味着国民财富的增长，直接影响旅游消费，还可以用来间接解释国民的文化素质、消费观念、期望寿命等重要指标，从而间接影响旅游消费。当个人收入水平有限时，这个人就不可能出门旅游，只有当这个人的收入在足够购买其生活必需品后还有剩余时，这个人才有可能将其用于旅游消费。加拿大统计局曾做过一项家庭开支调查，调查表明，当家庭年收入高于 35000 美元时，家庭用于食物消费的支出就会减少，只占总消费支出的 13.5%，与此同时，用于娱乐消费的支出就会增长（史密斯，1991）。根据国际旅游业发展的经验，一般情况下，当一个国家的人均国民收入达到 1000 美元时，国内旅游开始兴旺，并进入快速发展时期；当人均国民收入超过 2000 美元时，休闲旅游消费需求急剧增长，居民对休闲旅游产生多样化需求和多元化选择；当人均国民收入达到 3000 美元时，近距离出境游开始出现；当人均国民收入达到 5000 美元时，洲际旅游将会得以快速发展。上述发展规律都直接说明了收入对旅游消费的重要影响。

收入对旅游消费支付能力的影响还受其他相关经济变量的影响，如居民储蓄、利息、税收、保险、其他消费开支等。储蓄一般会消减当期消费支出，但会增加远期购买力，高利息率更会诱导这一行为发生；税收是旅游消费支付能力的绝对扣除，一般与收入水平成正比；其他非休闲品消费支出与旅游消费支出会相互替代，争夺有限的收入资源，它取决于个人总收入水平的高低，也取决于个人的消费偏好。

同时，随着中国改革开放和市场化进程的推进，我们有必要从制度变迁及其带来的消费者行为转变的角度去研究中国居民的消费行为，并基于此探讨收入对我国城乡居民旅游消费的影响。中国居民的消费习惯和消费特征与西方国家居民相比有其独特性，随着我国改革开放的不断推进，城乡居民收入水平不断提高，从而使得家庭消费（包括旅游消费）的灵活性也随之提高，居民收入分配差距的增大导致居民旅游消费行为的差异性也变大，金融市场的不断完善将逐渐降低居民消费的流动性约束，对未来不确定性的担忧也会影响到居民未来的旅游消费行为。因此，在探讨收入对旅游消费需求的影响时，上述这些因素也是我们必须考虑的方面。

2.2.3　旅游消费需求与时间约束

众所周知，旅游行为的发生高度依赖于人们在日常生活中可以自由使用的闲暇时间，所以闲暇时间不充裕就会成为人们出游的拦路虎。随着社会的进步，我国经济的快速发展，社会劳动生产率得以提高，人们用于劳动的时间越来越短，闲暇时间不断增多，但截至目前，闲暇时间依然是影响我国居民国内旅游消费的主要因素之一，尤其是对城镇居民的影响更加显著。联合国《消遣宪章》中提到："闲暇时间是指个人完成工作和满足生活要求之后，完全归他本人支配的一切时间，这段时间的使用非常重要，可以消遣和从事各种娱乐活动，消遣和各种娱乐为补偿当代生活方式中人们的许多要求创造了条件，更为重要的是身体放松、竞技、欣赏艺术、科学和大自然为丰富生活提供了可能。无论在城市和乡村，闲暇都是重要的，闲暇为人类意向、知识责任感和创造力的自由发挥提供了空间。闲暇时间是一种自由时间，是人类能掌握作为人和作为社会的有意义的成员的价值。"该宪章中对闲暇时间的论述集中反映了各国政府对闲暇时间的重视。

根据目的，人们的时间可以分为生理上需要调剂的时间、闲暇时间、工作时间、家务和社交时间四类，正因为有闲暇时间，人们才能将其用作旅游，使其成为旅游时间。闲暇时间可以分为假日闲暇时间、周末闲暇时间和每日工作之后的闲暇时间。对旅游活动有实际意义的是假日闲暇时间和周末闲暇时间，所以时间长短不同，使用的方式和效果也会不同，对旅游活动的影响也不同。

2.2.4　旅游消费需求与个人需要和动机

需要激发动机，动机刺激行为得以发生。研究旅游需求就离不开旅游需要，离开旅游需要就不能深入揭示旅游动机。旅游需要是人的全部需要的组成部分，是较为高层次的一种需要，是旅游者对旅游环境中某种旅游产品的渴求或欲望，是旅游者不满足感和求满足欲两种状态结合形成的一种心理现象，即对旅游的意向和愿望。根据马斯洛的需要层次论，人的旅游需要属于较高层次的需要，可能是社会交往的需要，也可能是出于受尊重的需要，比如，某些旅游经历常常被其他人羡慕，甚至有人把是否有过出国旅游经历当作判断一个人是否取得成功的依据，因而外出旅游就具有了满足受尊重的需要的功能。旅游需要还可以与自我实现需要关联起来，比如探险旅游就是能充分开发旅游者自身发展潜能的旅游活动，旅游者完成一次珠峰探险，就会觉得充分发挥了自我潜能，实现了自我价值。

旅游动机是旅游需要的表现形式，是推动一个人旅游行为得以发生的内在驱动力。旅游动机的确立需要相应的主客观条件，旅游者自身的需要、兴趣、爱好、性格、健康状况等主观因素，是旅游动机的内在诱发因素。旅游者所处的社会环境、经济收入水平、闲暇时间的自由支配度等客观因素，是旅游动机的外部推动因素。根据学者们的研究，旅游动机可以归纳为六种：身体健康方面的动机、文化动机、交际动机、地位与声望动机、宗教动机和经济动机。

2.2.5 旅游消费需求与其他制约因素

在制约旅游者出行的客观因素中，可自由支配时间和闲暇时间是两个重要的基本条件，但这并不表示只要具备了这两个条件，一个人就可以成为旅游者。一个人能否成为旅游者还受其他如社会经济因素和个人因素的影响和制约。比如，老年人出游会受身体状况的影响，许多老年人因为身体状况不佳、体力不支不能参加旅游活动；家庭结构也会影响居民出游，比如家里有3岁以下婴幼儿的家庭外出出游的概率较低；一个人受教育程度也会影响其旅游能力和取向，受教育程度高的其收入水平相对较高，就会具有较强的旅游能力，对文化旅游等较高层次的旅游的兴趣就会较大，而受教育不足会导致理解力低下，从而影响其旅游活动的参与性；一个人的社会责任和价值观也会影响旅游消费，一个人如果对家庭和工作负有责任感，即便他有充裕的时间和足够的金钱，也可能很少出游。价值观层面规定了人们的出游态度，从而制约旅游行为的发生。再从供给角度来看，人们出游主要基于有吸引力的旅游目的地，如果一个旅游目的地缺乏吸引力，或者一个旅游目的地没法提供游客必需的食宿和娱乐条件，则旅游需求也不会产生。

时空间隔也是影响旅游消费行为的因素。旅游是一种异地活动，需要完成从居住地到达目的地的空间跨越。空间跨越越大，两地之间的自然和文化差异就越大，旅游者越会产生不安心理，从而会阻碍其旅游行为的发生。同时，较大的空间跨越也会造成旅行时间长、旅游费用高，也会让准备出游的人难以承受。虽然现代交通工具的发展为消减这种困境提供了契机，但旅游者面临的空间阻碍是永远不会彻底消除的。

在上述众多影响因素中，收入是影响旅游消费的主要的、客观的基本条件之一，也是学者们长期以来最为关注的因素之一，因此，本书侧重研究收入和我国城乡居民国内旅游消费需求的关系，并主要依据收入对我国城乡居民国内旅游消费需求的未来变化趋势进行预测。

2.3　收入假说理论回顾

颇具影响力的收入假说，主要包括凯恩斯的绝对收入假说、莫迪里安尼的生命周期假说、弗里德曼的持久收入假说、杜森贝利的相对收入假说以及预防性储蓄和流动性约束等。这些不同的假设性消费理论之间具有共性，但又具有各自的侧重点，各理论在实践运用中也颇受争议，需要接受长期的实证检验。

从绝对收入假说理论提出后，收入假说理论的进一步研究大体经历了三个发展阶段：第一阶段是 20 世纪 70 年代中期之前，学者们在新古典经济理论的框架下对生命周期假说和持久收入假说消费函数进行的研究；第二阶段是 20 世纪 70 年代后期和 80 年代初期，霍尔将理性预期因素引入此前的各种假说理论，提出了随机游走假说；第三阶段是 20 世纪 80 年代后期，学者们在霍尔随机游走假说的基础上提出了与之相悖的过渡敏感性、过渡平滑性等观点，进而提出了流动性约束、预防性储蓄假说等。

2.3.1　绝对收入假说理论

绝对收入假说理论是凯恩斯于 1936 年凯恩斯提出的。凯恩斯首次将收入和消费联系到一起，认为个人的消费受他们收入的影响，即决定个人消费的是他们的可支配收入。除此之外，个人消费还受其他因素的影响，但这些因素的影响有的正、有的负，加在一起基本可以相互抵消，所以收入可以说是消费的唯一决定因素，所以消费与收入之间具有稳定的函数关系。随着收入的增加，人们的消费支出也会相应增加，但消费的增加的量要低于收入的增加量，所以居民消费存在边际消费倾向递减规律。

凯恩斯的绝对收入假说可以用公式 $C = \alpha + \beta Y$ 来演绎，其中，C 表示当期消费；α 为自发性消费，即收入为 0 时，人们举债或者动用以往的储蓄也必须要有的基本生活消费；β 表示消费随收入变化而变化的程度，即边际消费倾向；Y 指个人的即期收入；βY 表示由收入变化引致的消费，它的基本含义可以解释为个人消费包括自发消费和引致消费两部分，其即期收入是消费的决定性因素。

凯恩斯绝对收入假说理论的具体经济含义主要有：影响个人当期消费支出的是他们的现期绝对实际收入，绝对就是不考虑相对水平；当期就是不考虑过去和未来的收入；实际收入就是要排除物价、通货膨胀等因素对收入的影响。个人消费存在边际消费倾向递减规律。居民消费不足会导致有效需求不足，而消费不足的部分原因就是居民边际消费倾向递减造成的。

概括起来，绝对收入假说的核心思想就是居民的收入和消费之间存在稳定的函数关系，居民的消费由他们的即期绝对实际收入水平决定，消费会随着即期绝对实际收入的变动而变动，居民的边际消费倾向递减。

该理论提出后得到广泛运用，该理论在肯定收入对消费及储蓄的约束和心理功能影响方面具有积极意义，但在现实运用中也存在一定的局限性，其局限在于：

（1）该理论排斥个人消费、储蓄行为受他人影响的事实，假定个人消费、储蓄行为是孤立的行为，忽视其他因素对个人消费、储蓄的影响。

（2）该理论排斥个人收入的跨期预算，从而忽视了居民的储蓄心理预期和生命周期功能，不能从动态的、长期的角度反映个人收入、消费及储蓄的变动态势。

2.3.2　相对收入假说理论

相对收入假说是早期较有影响的一种消费理论，最早是在 1994 年由美国经济学家杜森贝里在其所著的《收入、储蓄和消费者行为理论》一书中提出。此后，莫迪利安尼在《储蓄——收入比率的波动：经济预测问题》中也提出了相似的观点。

相对收入假说理论否定了凯恩斯的部分观点，认为影响人们消费的不是当期绝对收入水平，而是他们的相对收入水平。相对收入假说认为存在两种效应影响个人的消费水平[①]。

（1）"示范效应"。示范效应认为个人的消费支出除了受其自身收入的影响外，还受他周围其他人消费支出的影响，即消费具有模仿和攀比性。由于存在示范效应，消费者会效仿周围人进行消费，当个人收入不变时，他们也可能会增加消费以保持较高生活水平；当个人收入有所下降，而周围人收入提高时，他们为了保持自己的消费水平也不会消减消费支出，所以，由于存在示范效应，消费者的边际消费倾向不一定递减。

（2）"棘轮效应"。棘轮效应认为人们的消费支出除了受其当前收入的影响外，还受过去收入，特别是过去高峰期收入的影响，即消费者的消费习惯一旦形成是不可逆的。在一般情况下，由于"棘轮效应"的存在，当消费者的收入增加时，他们的消费支出也会增加，但当收入减少时，他们的消费支出并不会减少，而是保持过去收入水平较高时的消费水平和消费习惯。相对收入假说理论认为"棘轮效应"对稳定经济周期具有一定的影响。

[①]　罗晰文.西方消费理论发展演变研究［D］.大连：东北财经大学，2014.

2.3.3　生命周期假说理论

生命周期假说是由美国经济学家 F. 莫迪利安尼、A. 安东及 R. 布伦伯格共同提出的，生命周期假说从传统的消费者选择理论出发，在消费者的整个生命周期内探讨其收入与消费的关系。

生命周期假说认为，人们在某时期的消费不受其当期收入的影响，也不受其过去收入的影响，而是受其一生收入预期的影响。所以，从长期来看，一个人的消费支出和其收入之间的关系是稳定的。由于消费者是理性消费者，所以他们会根据其拥有的总资源追求一生消费的平滑，根据其一生的全部预期收入来安排他们的消费和储蓄，以使消费在整个生命周期内达到最优配置。

消费者某一时期收入减去该时期消费的部分就是储蓄，储蓄不能直接给人们带来效用，但它可以帮助平滑人们一生的消费。一般情况下，消费者年轻的时候，因为收入偏低，其消费可能大于收入，消费倾向就会比较高；但随着年龄增加，他们的收入也会增加，到中年时期，收入可能就会大于消费，不但可以偿还年轻时期的债务，还可以有多余的收入用于养老或者额外支出的储蓄，此时的消费倾向可能会下降；退休以后，由于收入降低，或者没有收入，就得动用过去的储蓄进行消费，消费倾向会再次提高。由此可见，一个人某时期的消费取决于他一生的收入，某时期的消费特点取决于他所处的生命周期阶段①。

2.3.4　持久收入假说理论

持久收入假说是由美国经济学家弗里德曼提出。持久收入假说理论认为，消费者的收入一般包括持久性收入和暂时性收入两部分。持久收入是消费者可以连续获得的、较为稳定的常规性收入，比如固定的工资收入。暂时

---

① 罗晰文. 西方消费理论发展演变研究 ［D］. 大连：东北财经大学，2014.

性收入是消费者获得的一时的、非连续的偶然性收入。持久收入假说认为收入决定消费，但消费者的消费支出主要受他们持久收入的影响，即消费者主要依据他们的持久性收入而非暂时收入来安排他们的消费支出。

该理论认为，在短期内，当消费者的收入增加时，因为他们无法判断收入的增加会不会持久稳定，所以不会马上增加消费支出，即便此刻的消费支出有所增加，那这种增加也是微不足道的。当他们的收入下降时，同样的，他们也不能预计这种收入的下降是否会一直持续，所以，消费也不会因为收入的下降而立刻下降。但是，从长期来看，如果判断出他们未来的收入增加会持久并且能保持稳定的话，消费者就会依据他们收入的增加情况相应的调整其消费支出，消费支出就会相应增加。所以可以看出，消费者主要根据其持久收入来安排他们的消费，暂时收入的变动不会对他们的消费支出产生影响。

因此，该理论的中心思想是人们的收入主要包括持久收入和暂时收入，从长期来看，人们的消费支出主要受其持久收入的影响，持久收入是稳定的，所以人们的消费支出也相对较为稳定。

2.3.5　流动性约束理论

流动性约束又称"信贷约束"，是指居民从金融机构以及非金融机构和个人取得贷款以满足消费时所受的限制。最早提出流动性约束问题的是弗莱明和托宾。

流动性约束理论认为，流动性约束从两个方面影响个人消费行为：一是如果当前消费者面临流动性约束，那么他的实际消费支出就会比他想象的要少。当消费者收入水平较低时，即使他预期将来收入会提高，但因为流动性约束的存在，他可能不能顺利地借到钱，他就会保持较低的消费水平，等到财富积累到一定程度或者等收入增加到一定程度才会提高消费水平。二是如果当前消费者不存在流动性约束，但是预期未来可能会发生流动性约束，他也会减少其当期消费以增加储蓄，从而保证未来收入水平下降时能维持消费。所以如果消费者存在流动性约束，不管这种约束什么时候产生作用，他们的现期消费都会减少。

流动性约束的产生一般有以下几个原因：一是消费者没有财富，不能将现有财富变现或难以将其抵押获得货款；二是信贷市场存在信息不对称导致道德风险和逆向选择，使均衡的信贷利率高于信息对称情况；三是信贷市场不发达，消费信贷规模小，种类少；四是各国对破产和取消贷款抵押回赎权的规定不同，一般破产程序越严，取消贷款抵押回赎权的期限越长，放贷者对借款人资格的审查更严格①。

总之，流动性约束理论的核心思想就是，当存在流动性约束时，消费者的当期消费就会减少，储蓄就会增加，消费者的消费路径就不再是平滑的了。学者们的研究结论显示，各地流动性约束的严重程度不同，经济和金融越发达的国家或地区，流动性约束越小，但即使是发达国家，由于信息不对称等原因，流动性约束也依然存在，所以流动性约束对消费的影响必然存在。

2.3.6 预防性储蓄理论

预防性储蓄假说由利兰德（LeLand，1968）开创，由泽尔德斯（Zeldes，1984，1989）、斯金纳（Skinner，1988）、戴南（Dynan，1993）等加以丰富和发展起来。预防性储蓄实质就是人们因为预计到未来收支可能会存在不确定从而引起的额外的储蓄，它是厌恶风险的消费者为预防未来不确定性导致的消费水平的急剧下降而进行的储蓄。

预防性储蓄理论认为，因为存在不确定性，所以当消费者预计自己未来的收入存在不确定性时，他就会增加储蓄，推迟或减少消费。当消费者预计未来面临的不确定性越大，他越依赖当前收入来安排消费，越不会依据寿命周期和随机游走假说来安排消费，他们会倾向于把更多的收入留到未来应对消费，所以不确定性越大，他们的预防性储蓄动机越强。因此，如果消费者预计其未来收支不确定，则在他们收入下降的情况下，其消费支出就会随之

---

① 罗晰文. 西方消费理论发展演变研究［D］. 大连：东北财经大学，2014.

下降，相应的储蓄就会增加；反之，收入增加，消费支出就会相应增加，储蓄就会相应减少。

预防性储蓄理论认为人们具有预防性储蓄动机的依据主要有三点：一是从消费者的偏好出发，认为消费者偏好中存在谨慎动机，因而会进行预防性储蓄；二是从市场不完善和借贷约束出发，认为由于缺乏进行跨期借贷的有效手段，导致预防性储蓄的发生；三是从经济环境的不确定性出发，为了化解由不确定性所引致的潜在不利影响，需要实施预防性储蓄①。

所以，该理论的中心思想就是，收入决定消费，消费者当期消费和当期收入存在着一个正的相关关系，但由于存在不确定性等因素的影响，所以偏好谨慎的消费者就会具有消费敏感性，会实施预防性储蓄，所以当期消费和当期收入之间的这种关系会随不确定性的增加而增加。

---

① 罗晰文. 西方消费理论发展演变研究［D］. 大连：东北财经大学，2014.

第 3 章

我国国内旅游消费的历史演变
及其与收入的相关性分析

3.1　中国旅游业发展历程

1949 年中华人民共和国成立，揭开了中国现代旅游的新篇章。纵观中国现代旅游业 70 余年的发展历程，中国旅游业的发展历程大体可以划分为外事接待阶段和全面发展阶段两个大的阶段。

3.1.1　外事接待阶段（1949～1978 年）

这一阶段，我国旅游工作属于民间友好往来的范畴，为外事接待阶段。当时旅游接待的目的主要是扩大国家的政治影响，旅游业并不是真正意义上的完整的产业。在这一阶段，两大旅行社的成立和中国旅行游览事业管理局的成立是两件值得重视的大事。

3.1.1.1　中国旅行社和中国国际旅行社的成立

为了适应新中国成立后很多外国人想来看看中国、很多侨胞想回国探亲访友的新形势，1949 年 10 月，中国第一家旅行社（厦门华侨服务社）成立，此后，广州、汕头、泉州等经济相对较为发达、海外侨胞较多的地方也相继成立了华侨服务社，这些服务社主要以接待海外华侨为主。1957 年 4 月，国家在这些服务社的基础上总结经验，又成立了中国华侨旅行服务总社，总社统领此前各地成立的服务社，主要负责领导和协调海外侨胞的探亲旅游接待业务。

1952 年，我国承办了亚洲及太平洋区域和平会议，受此次会议的影响，此后来华公务和旅游的外宾逐渐增多，华侨旅行服务总社承担了一定的接待工作，但难以胜任当时有特别要求的政治性接待任务。基于此，在周恩来总理的批准和督促下，中国国际旅行社总社在北京成立，此后又在上海、南京、杭州、天津等 14 个城市成立了 14 家分社，专门负责接待外国旅游者。

这一时期，基于政府办旅行社的主要目的和宗旨，两大旅行社在体制上虽都定义为国有企业，但实际运作中都是行政或事业单位，中国旅行社隶属于政府的侨务系统，中国国际旅行社隶属于国务院和地方政府的外事办公室。

3.1.1.2　中国旅行游览事业管理局的成立

1964 年，在中国国际旅行社总社的基础上成立了中国旅行游览事业管理局，两个机构合署办公，至此，中国旅游事业有了专门的领导机构。

1978 年，中国旅行游览事业管理局更名为中国旅行游览事业管理总局，隶属于国务院。此后各省、直辖市相继成立旅游局，由中国旅行游览事业管理总局统一领导。1982 年，中国旅行游览事业管理总局更名为中华人民共和国国家旅游局，领导全国的旅游工作①。

3.1.2　全面发展阶段（1978 年至今）

中国旅游业的全面发展始于 1978 年改革开放。1979 年，邓小平同志登黄山并做了旅游发展的讲话，启动了中国旅游业的发展。中国的旅游业从小到大、从弱到强，逐步成长为一个较为成熟的产业。中国旅游业的全面发展大体经历了三个阶段。

3.1.2.1　以接待入境旅游为主的阶段（1978～1991 年）

1979 年，邓小平登黄山做了关于旅游发展的讲话，旅游业正式开始全面

---

① 中国中共党史学会编. 中国共产党历史系列辞典［M］. 北京：中共党史出版社、党建读物出版社，2019.

发展起来。随后，与之相配套的旅游业立法随之开始建立，1982 年，我国首次制定了旅游法，之后一系列的旅游法规条例被颁布，主要的有《导游人员管理暂行规定》（1987 年 12 月 1 日）、《中国国际旅游价格管理暂行条例》（1985 年 12 月 5 日）、《关于严格禁止在旅游业务中私自收受回扣和收取小费的规定》（1987 年 8 月 17 日）、《中华人民共和国评定旅游涉外饭店星级的规定》（1988 年 8 月 22 日）、《关于制止削价竞销的通知》（1989 年 9 月 30 日）、《关于旅游涉外饭店加收服务费的若干规定》（1989 年 3 月 30 日）、《旅游外汇管理暂行办法》（1989 年 12 月 14 日）、《国营旅游企业财务管理若干问题的暂行规定》（1988 年 3 月 15 日）等。随之而来的是旅游相关机构的成立，1964 年 12 月，中国旅行游览事业管理局成立；1982 年，中华人民共和国国家旅游局成立；1986 年 1 月，中国旅游协会成立；1988 年 5 月，国家旅游事业委员会成立。这一段时间的立法标志着我国旅游业进入初步改革发展阶段。

这一阶段，受政治因素和经济发展目标的影响，我国旅游业的发展思路是先国外、再国内，优先重点发展入境旅游。对国内旅游实行"不宣传、不提倡、不反对"的方针。当时出台的一切旅游政策法规主要围绕入境旅游展开。

从图 3-1 和表 3-1 来看，这个阶段入境旅游发展较快。旅游人数从 1978 年的 180.9 万人次增加到 1991 年的 3334.98 万人次，增幅较大。其中，外国入境游客、华侨、港澳台同胞分别由 1978 年的 22.96 万人次、1.81 万人次和 156.15 万人次增加到 1991 年的 271.01 万人次、13.34 万人次和 3050.62 万人次。

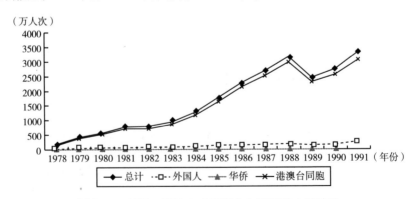

图 3-1　1978~1991 年中国历年入境旅游人数统计

资料来源：中国旅游年鉴。

表 3 - 1　　　　中国历年国际旅游（外汇）收入统计（1978 ~ 1991 年）

年份	国际旅游（外汇）收入（亿美元）	发展指数（1978 年为 100）	比上年增长（%）
1978	2. 63	100. 00	—
1979	4. 49	170. 90	70. 9
1980	6. 17	234. 60	37. 3
1981	7. 85	298. 60	27. 3
1982	8. 43	320. 70	7. 4
1983	9. 41	358. 00	11. 6
1984	11. 31	430. 30	20. 2
1985	12. 50	475. 50	10. 5
1986	15. 31	582. 30	22. 5
1987	18. 62	708. 10	21. 6
1988	22. 47	854. 60	20. 7
1989	18. 60	707. 70	- 17. 2
1990	22. 18	843. 50	19. 2
1991	28. 45	1082. 1	28. 3

资料来源：中国旅游年鉴。

　　这段时期，国家旅游业的目标主要是以旅游赚取外汇收入，增加国家外汇储备。由表 3 - 1 看出，1978 年，我国国际旅游外汇收入为 2. 63 亿美元，至 1991 年达到 28. 45 亿美元，是 1978 年度 10. 82 倍，外汇收入增加较快。外汇发展指数从 1991 年的 100 增加至 1991 年的 1082. 1，增加 10 倍以上。从年均增长速度可以看出，1978 ~ 1991 年，我国外汇收入的年均增长速度大都在 20% 以上，只有 1989 年出现了负增长，其他年份均为正增长。

　　这一阶段，国内旅游业也初具规模，当年接待的国内旅游人数达 2. 8 亿人次，旅游收入达到 170 亿元，在促进目的地社会经济发展、帮助贫困地区脱贫致富中的作用不断显现。

3. 1. 2. 2　入境旅游和国内旅游并行发展的阶段（1992 ~ 2002 年）

　　1992 年，受邓小平同志南方谈话的影响，我国旅游业开始走上快车道，发展速度明显增快。1992 年 6 月，中党中央、国务院在《关于加快发展第三产业的决定》中提出要将旅游业作为第三产业的重点来发展；1993 年，国务院提出要将国内旅游要纳入国民经济和社会发展计划，此后又相继出台了一系列支持国内旅游发展的政策方针；1995 年，国家开始实施"双休日"，我国居民有了更多的闲暇时间用于旅游；1998 年，中央又提出将旅游业作为国民经济新的增长点来培育，旅游业发展进入了一个新阶段；1999 年，国家又开始实施"五一"、"十一"、春节黄金周，居民闲暇时间越来越充足；2001 年，国务院又下发了《国务院关于进一步加快旅游业发展的通知》，进一步明确了旅游业发展目标和主要工作举措，这些都有力地推动了旅游业的发展，使我国旅游业进入快速发展时期。

1991～2002 年，我国旅游业经历了亚洲金融危机、美国"9·11"事件的冲击，但其发展速度一直位居全球前列，从旅游资源大国成功转变为亚洲旅游强国。入境旅游和国内旅游并行发展。入境旅游方面，2002 年，我国入境旅游者达到 9790.8 万人次，是 1990 年的 3.57 倍，年均增长 11.2%；旅游外汇收入达到 203.85 亿美元，是 1990 年的 9.19 倍，年均增长 20.3%（跃居世界第 5 位）；我国国内旅游也得以快速发展，2002 年，全国国内旅游出游人数达到 8.78 亿人次，是 1990 年的 3.19 倍，年均增长 9.99%；国内旅游收入达到 3878 亿元，是 1990 年的 22.8 倍，年均增长 29.8%；全国旅游业总收入 5566 亿元，占当年全国 GDP 的5.44%[1]。旅游业已真正成为许多地方的支柱产业，也成为名副其实的我国国民经济新的增长点。

3.1.2.3 入境旅游、国内旅游和出境旅游全面发展的阶段（2003年至今）

1983 年 11 月，广东省作为试点省份，开始开放本省居民赴香港探亲旅游。由于广东省的成功案例，1984 年，国务院批准，内地居民可以赴港澳地区探亲旅游。1990 年，经国务院批准，中国公民可以前去新加坡、马来西

---

① 原始数据来源于历年中国旅游年鉴。

亚、泰国三个国家出国探亲旅游，后来又增加了菲律宾，但公民前往这几个目的地国家旅游所需费用必须由海外亲友交费，一律自理，国家不为其解决外汇。1997 年，在国家旅游局正式下发了《中国公民自费出国旅游管理暂行管理办法》之后，我国出境旅游市场才慢慢开始形成。

2002 年以后，以出境游组团社改革为标志，出国旅游人数越来越多，出境旅游规模不断扩大。2002 年中国公民出境旅游人数为 1660 万人次，2003 年达到 2022.19 万人次，到 2007 年达到 4095 万人次，表明中国公民出境旅游市场潜力巨大。2008 年，中国公民自费出境旅游目的地国家（地区）达到 132 个，中国出境旅游增长速度远远高于世界平均水平，中国已经成为亚洲地区快速增长的新兴客源输出国。2012 年，中国公民出境游人数达到 8318.17 万人次，2016 年出境人数达到 122000 万人次，出境人数逐年增加，且增幅较大。至新冠疫情前的 2019 年，出境人数达到 16921万人次。2020 年以来，受疫情影响，出境旅游受到较大冲击，出境旅游人数持续走低。2023 年上半年开始，随着我国采取"乙类乙管"措施，试点推行旅行社及在线旅游企业业务，国际航班数量快速增长，出入境旅游呈现有序复苏的良好态势。2023 年上半年，出境旅游人数 1.68 亿人次，同比增长 169.6%，是 2019 年同期的 48.8%；2012～2019 年出境旅游人数如图 3-2 所示。

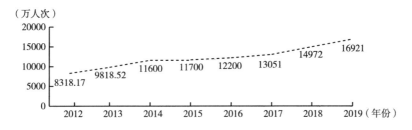

图 3-2　2012～2019 年中国国内居民出境旅游人数统计

资料来源：中国旅游统计年鉴。

截至 2019 年，我国国内游客达到 60.1 亿人次，同比增长 8.4%；国内旅游收入 57251 亿元，同比增长 11.7%；接待入境游客 14531 万人次，同比增长 2.9%。国际旅游收入 1313 亿美元，同比增长 3.3%；国内居民出境

16921 万人次，同比增长 4.5%①。国内旅游、入境旅游及出境旅游三大旅游市场实现全面发展。

3.2 国内旅游发展历程和特征

1993 年 11 月，国务院办公厅转发国家旅游局《关于积极发展国内旅游业的意见》，标志着国内旅游被纳入国民经济和社会发展计划中，此后，国家提出了一系列支持发展国内旅游业的方针政策，国内旅游正式开始得以发展。

3.2.1 国内旅游发展及演变

国内旅游自 1994 年正式开始发展，城乡居民的旅游消费热情一下子释放出来。由表 3 - 2 和图 3 - 3、图 3 - 4 可以看出，1995 年，国内旅游收入和人次出现大幅增长，旅游收入增幅达到 34.4%，出游人次增幅达到 20%。从 1996 年开始，国内旅游恢复平稳发展，"九五"期间（1996 ~ 2000 年）国内旅游一直保持稳中有升的平稳发展态势。进入"十五"（2001 ~ 2005 年）期间的头两年，国内旅游依然沿着"九五"的轨迹顺利平稳发展，但 2003 年的"非典"阻滞了原有的发展进程，使国内旅游遭受重创，旅游收入和出游人次都出现负增长。"非典"过后的 2004 年，国内旅游快速恢复，出现了前所未有的喜人态势，旅游收入和出游人次增速超过以往任何一年。2004 年，国内旅游人数达到 11.02 亿人次，比 2003 年增长 26.7%，比 2002 年增长 25.5%。国内旅游收入达到 4710.7 亿元人民币，比 2003 年增长 36.9%，比 2002 年增长 21.5%。2005 年，国内旅游收入和出游人次重新回归滑坡之前的正常增长，所以整个"十五"期间，除 2003 年受"非典"影响外，其他年份我国国内旅游收入和出游人数都呈现稳健的增长态势，各年的增幅基本接近平均增幅，这也标志着我国国内旅游发展逐步走向成熟。

---

① 资料来源于 2019 年中国国民经济和社会发展统计公报。

表3-2　　　"九五"及"十五"期间国内旅游收入和人数增长情况

年份	人次数		收入	
	数值（亿人次）	增幅（%）	数值（亿元人民币）	增幅（%）
1995	6.29	20.0	1375.7	34.4
1996	6.39	1.6	1638.4	19.1
1997	6.44	0.8	2112.7	28.9
1998	6.94	7.8	2391.2	13.2
1999	7.19	3.6	2831.9	18.4
2000	7.44	3.5	3175.5	12.1
2001	7.84	5.4	3522.4	10.9
2002	8.78	12.0	3878.4	10.1
2003	8.70	-0.9	3442.3	-11.2
2004	11.02	26.7	4710.7	36.9
2005	12.12	10.0	5286.0	12.2

资料来源：旅游收入和人数数据来源于国家统计局网站，增幅根据原始数据计算而得。

　　从表3-2中还可以看出，2000年国内旅游的人数比1995年增加了1.15亿人次，旅游收入增加了1799.8亿元人民币。相较于2000年，2005年国内旅游的人数增加了4.68亿人次，增长了63%，旅游收入增加了2110.2亿元人民币，增长了66%。由此可见，这十年国内旅游呈现稳步发展态势，尤其"十五"期间的五年，我国国内旅游是在稳步地大步发展。

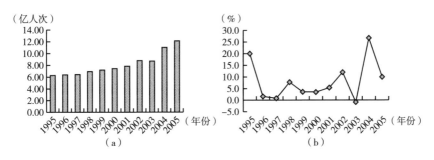

图3-3　1995～2005年中国国内旅游人数及增长情况

资料来源：旅游人数数据来源于国家统计局网站，增幅根据原始数据计算而得。

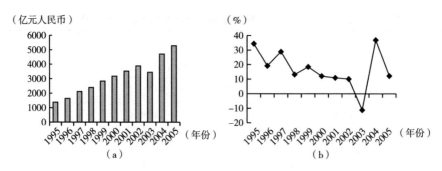

图3－4　1995～2005年中国国内旅游收入及增长情况

资料来源：旅游收人数据来源于国家统计局网站，增幅根据原始数据计算而得。

　　表3－3显示的是不同年份和时间段内我国国内旅游总人次和总收入的平均增长速度。由表3－3可见，"九五"期间，国内旅游收入增长明显快于人数增长速度；"十五"期间，国内旅游收入增长速度有所减缓，而同期的旅游人数增长明显变快，两者增速近乎相同。从十年间的平均增速来看，"九五"期间旅游人数增速慢于平均增速，收入增速快于平均增速，而"十五"期间刚好相反。

表3－3　　　　　　　　　1996～2017年国内旅游年平均增长情况

年平均增长速度（增长率，%）		
年度区间	总人次	总收入
"九五"期间（1996～2000）	3.42	18.21
"十五"期间（2001～2005）	10.25	10.73
1996～2005	6.78	14.41
"十一五"期间（2006～2010）	11.7	19.04
"十二五"期间（2011～2015）	13.9	23.0
2016	11.8	15.2
2017	12.6	15.9
2000～2017	11.9	17.0

资料来源：中国旅游年鉴。

　　2005年作为"十五"的最后一年，尤其值得我们关注，2005年，国内旅游人数增长率和国内旅游收入增长率都在近十年平均增长率之间。经历了2003年"非典"影响的下滑和2004年的急剧回升后，2005年，中国国内旅游回归常态，继续保持"九五"和"十五"期间的发展速度，稳健大步地发展。由此可见，稳健地大步发展已经成为当前我国国内旅游发展的常态。

2006年是"十一五"的开局之年，由表3-4可以看出，我国国内旅游收入和人数增长在2005年的基础上稳中有升。2005年，国内旅游收入和人数增长率分别是12.2%和10%，2006年其增长率分别达到17.9%和15%。由表3-3可以看出，"十一五"（2006～2010年）期间，国内旅游出游人数和旅游收入年均增长速度达到11.7%和19.04%，除2008年受风雪灾害的影响，出游人次增长稍有减缓外，其他年份出游人数和收入增长都与该时期年均增长速度大致相同。同时，也可以看出，"十一五"时期，我国国内旅游出游人数和旅游收入的年均增长速度明显高于"十五"时期的增长速度。

表3-4 　　　　　　　　2006～2017年国内旅游收入和人数增长情况

年份	人次数		收入	
	数值（亿人次）	增幅（%）	数值（亿元人民币）	增幅（%）
2006	13.9	15.0	6229.7	17.9
2007	16.1	15.5	7770.6	24.7
2008	17.1	6.3	8749.3	12.6
2009	19.0	11.1	10183.7	16.4
2010	21.0	10.6	12579.8	23.6
2011	26.4	25.6	19305.4	53.5
2012	29.6	12.0	22706.2	17.6
2013	32.6	10.3	26276.1	15.7
2014	36.1	10.7	30311.9	15.4
2015	40.0	10.8	34195.1	12.8
2016	44.4	11.0	39390.0	15.2
2017	50.0	12.6	45660.8	15.9

资料来源：旅游收入和人数数据来源于国家统计局网站，增幅根据原始数据计算而得。

由表3-4和图3-5、图3-6可以看出，"十二五"期间（2011～2015年）国内旅游收入和人数依然保持稳步的高速发展（2011年，由于国内旅游抽样调查方式发生变化，此处未剔除因调查方式变化带来的影响），出游人数和旅游收入年均增长速度达到13.9%和23%，高于"十一五"时期的增长速度。说明从"十一五"开始的近十年，我国国内旅游依然保持之前的势头在稳健地大步发展，且发展速度加快。

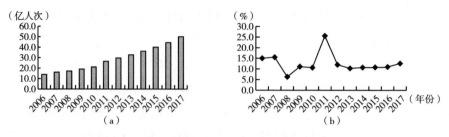

图3-5 2006~2017年中国国内旅游人数及增长情况

资料来源：旅游人数数据来源于国家统计局网站，增幅根据原始数据计算而得。

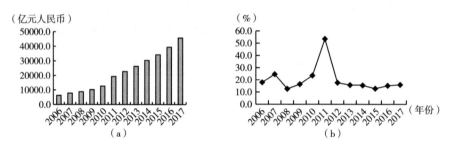

图3-6 2006~2017年中国国内旅游收入及增长情况

资料来源：旅游收入数据来源于国家统计局网站，增幅根据原始数据计算而得。

作为"十三五"规划的开局之年，在中央出台的一系列旅游政策和国家旅游局发布的"治旅方针"的政策推动下，2016年，我国国内旅游依然保持高度增长。2016年，国内旅游出游人数和旅游收入分别达到44.4亿人次和3.94万亿元人民币，分别同比增长11.8%和15.2%。说明进入"十三五"后，我国国内旅游依然保持稳步的高速增长态势。

由表3-4可以看出，进入21世纪后，由于我国大众旅游发展所必需的经济基础、交通和技术条件、旅游产品和服务供给、带薪假日等结构性和文化性条件不断成熟，旅游活动逐步从小众人群走向大众市场。2000~2017年，除特殊年份外，我国国内旅游一直保持高速增长，出游人次和旅游收入年均增长率分别达到11.9%和17.0%，远高同一时期我国GDP和社会消费品零售总额的平均增长率。2017年，随着居民收入的持续增长、居民消费需求的升级，加之受已形成的消费习惯的影响，国内旅游消费需求持续保持旺盛。全年国内旅游出游人数和旅游收入分别达到50亿人次和4.57万亿元，分别同比增长了12.6%和15.9%，两项指标连续第九年实现两位数以上增长。可以说，旅游已经成为人民美好生活的重要组成部分。

3.2.2　城乡居民国内旅游发展及演变

城乡居民国内旅游出游人数和旅游消费情况如表 3 - 5 和表 3 - 6 所示，除特殊年份外，其增长及演变情况与总体国内旅游的增长演变大致相同。具体情况下面消费特征部分会做详细说明，这里主要是将城乡居民旅游收入和出游人数的发展变化情况作简单分析。

表 3 - 5 　　1994 ~ 2017 年城镇居民国内旅游消费支出和出游人数情况

年份	城镇居民旅游消费支出（亿元）	增长率（%）	城镇居民出游人数（亿人次）	增长率（%）
1994	848.2		205	
1995	1140.1	34.41	246	20.00
1996	1368.4	20.02	256	4.07
1997	1551.8	13.40	259	1.17
1998	1515.1	- 2.36	250	- 3.47
1999	1748.2	15.39	284	13.60
2000	2235.3	27.86	329	15.85
2001	2651.7	18.63	375	13.98
2002	2848.1	7.41	385	2.67
2003	2404.1	- 15.59	351	- 8.83
2004	3359.0	39.72	459	30.77
2005	3656.1	8.84	496	8.06
2006	4414.7	20.75	576	16.13
2007	5550.4	25.73	612	6.25
2008	5971.7	7.59	703	14.87
2009	7233.8	21.13	903	28.45
2010	9403.0	30.00	1065	17.94
2011	14808.6	57.47	1687	58.40
2012	17678.0	19.38	1933	14.58
2013	20692.6	17.05	2186	13.09
2014	24219.8	17.05	2483	13.59
2015	27610.9	14.00	2810	13.17
2016	32200.0	16.62	3195	13.70
2017	37700.0	17.08	3677	15.09

资料来源：中国旅游年鉴。

表 3 - 6   1994 ~ 2017 年农村居民旅游消费支出和出游人数情况

年份	农村居民旅游消费 支出（亿元）	增长率 （%）	农村居民出游人数 （亿人次）	增长率 （%）
1994	175.3		319	
1995	235.6	34.40	383	20.06
1996	270	14.60	383	0.00
1997	560.9	107.74	385	0.52
1998	876.1	56.20	445	15.58
1999	1083.7	23.70	435	-2.25
2000	940.3	-13.23	415	-4.60
2001	870.7	-7.40	409	-1.45
2002	1030.3	18.33	493	20.54
2003	1038.2	0.77	519	5.27
2004	1351.7	30.20	643	23.89
2005	1629.7	20.57	716	11.35
2006	1815	11.37	818	14.25
2007	2220.2	22.33	998	22.00
2008	2777.6	25.11	1009	1.10
2009	2949.9	6.20	999	-0.99
2010	3176	7.66	1038	3.90
2011	4496.8	41.59	954	-8.09
2012	5028.2	11.82	1024	7.34
2013	5583.2	11.04	1076	5.08
2014	6092.1	9.11	1128	4.83
2015	6584.2	8.08	1190	5.50
2016	7100	7.83	1240	4.20
2017	8000	12.68	1324	6.77

资料来源：中国旅游年鉴，增长率由原始数据计算得出。

由表 3 - 5 可以看出，1994 ~ 2017 年，城镇居民消费支出额由 848.2 亿元增加到 37700.0 亿元，是原来的 44.45 倍，年均增长率为 17.94%；城镇居民出游人数由 205 亿人次增加到 3677 亿人次，增加了 17.94 倍，年均增长率为 13.37%。如图 3 - 7 所示，1994 ~ 2011 年，除特殊年份外，城镇居民旅游消费支出和人数增长基本保持同步发展，增长率虽有波动，但幅度不大；2011 年后，城镇居民国内旅游消费支出和出游人数保持稳步发展，旅游消费支出增长率基本保持在 16% ~ 19%，出游人数增长率基本保持在 13% ~ 15%，大多数年份的旅游消费支出增长率大于出游人数增长率。

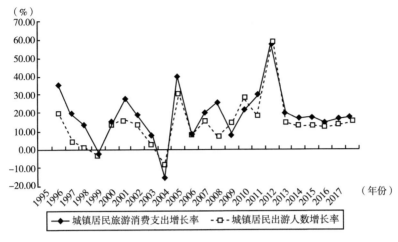

图 3 - 7　城镇居民国内旅游消费支出与出游人数增长率

由表 3 - 6 可以看出，1994～2017 年，农村居民国内旅游消费支出额由 175.3 亿元增加到 8000.0 亿元，是原来的 45.64 倍，年均增长率为 18.07%；农村居民出游人数从 319 亿人次增加到 1324 亿人次，增加了 4.15 倍，年均增长率为 6.38%。其增长率变动情况如图 3 - 8 所示。1994～2011 年，除特殊年份外，农村居民旅游消费支出和人数增长基本保持同步发展，增长率虽有波动，但幅度不大；2011 年后，农村居民国内旅游消费支出和出游人数保持稳步发展，大多数年份的旅游消费支出增长率大于出游人数增长率。

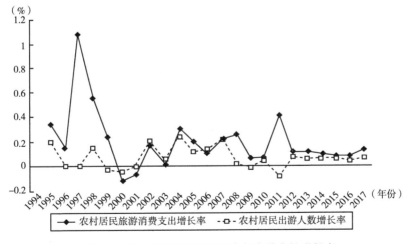

图 3 - 8　农村居民旅游消费支出与出游人数增长率

图 3 - 9 和图 3 - 10 是城乡居民国内旅游消费支出和支出增长率变化情况对比图，由图 3 - 9 可以看出，2000 年之前城乡居民国内旅消费支出总额基本相同，2001 ~ 2010 年，差距逐步出现，城镇居民慢慢大于农村居民消费支出，2010 年后消费支出差距逐步扩大，且越来越大。由图 3 - 10 可以看出，城乡居民旅游消费支出增长率变化步调基本一致。但大部分年份城镇居民的增长率高于农村居民的，尤其是 2009 年后，城镇居民始终高于农村居民。这也说明为什么城乡旅游消费支出总额差距越来越大。

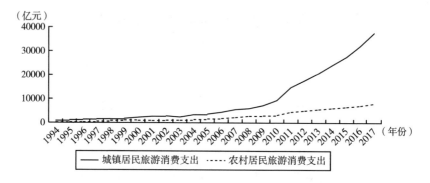

图 3 - 9　城乡居民旅游消费支出及变化情况

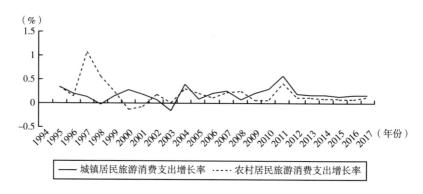

图 3 - 10　城乡居民国内旅游消费支出增长率变化

图 3 - 11 和图 3 - 12 是城乡居民国内旅游出游人数及其增长率变化情况。由图 3 - 11 可以看出，受收入等因素的影响，虽然城镇居民出游率高于农村居民出游率，但由于城乡人数差距，2010 年前，每年的农村居民出游人数基本都大于城镇居民，2010 年后，城镇居民人数超过农村居民，加之出游

率的影响，城镇居民出游人数首次超过农村居民。图 3 – 12 也可以看出，两者的出游人数增长率基本同步调变化。2008 年后，城镇居民出游人数增长率始终高于农村居民出游人数增长率。

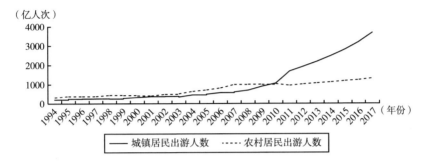

图 3 – 11　城乡居民国内旅游出游人数及变化情况

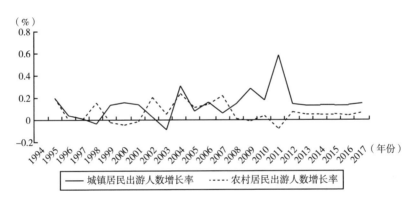

图 3 – 12　城乡居民国内旅游出游人数增长率变化

3.2.3　国内旅游消费特征及演变

为了进一步了解城乡居民国内旅游消费情况及国内旅游发展态势。本书选择消费规模、消费水平、消费率、消费倾向、消费结构及消费层次等与收入水平相关，且能较为全面客观反映国内旅游发展情况的指标，对城乡居民国内旅游消费特征进行分析。

3.2.3.1 消费规模

出游人次和消费支出总额是反映旅游消费发展规模的两个主要指标。因此，我们主要从这两个方面探讨我国城乡居民国内旅游消费规模。

（1）出游人次分析。由表3-7看出，1994~2017年，城镇居民出游人数由205亿人次增加到3677亿人次，增加了17.94倍，年均增长率为13.37%；农村居民出游人数从319亿人次增加到1324亿人次，增加了4.15倍，年均增长率为6.38%，比城镇居民年均出游人数增长率低近7个百分点。总体来看，城乡居民国内旅游出游人数稳步增长，增长速度虽有波动，但幅度不大，如图3-13出游人次指数所示，除特殊年份外，城乡居民国内旅游出游人次指数均保持在100~130。

表3-7　　　　　　　　　　城乡居民国内旅游消费规模

项目	出游人次（亿人次）		总消费支出（亿元）		出游率（%）		人次比城镇=1	人口比城镇=1	Q₁值	
	城镇	农村	城镇	农村	城镇	农村			城镇	农村
1994	205	319	848.2	175.3	59.8	37.3	1.56	2.51		
1995	246	383	1140.1	235.6	69.9	44.6	1.56	2.44	0.97	0.97
1996	256	383	1368.4	270.0	68.7	45.1	1.50	2.28	1.05	1.07
1997	259	385	1551.8	560.9	92.4	39.0	1.49	2.13	1.05	1.43
1998	250	445	1515.1	876.1	89.2	47.0	1.78	1.99	1.02	1.08
1999	284	435	1748.2	1083.7	94.8	47.0	1.53	1.88	0.94	1.14
2000	329	415	2235.3	940.3	104.4	44.0	1.26	1.76	0.97	0.98
2001	375	409	2651.7	870.7	110.2	44.2	1.09	1.66	0.96	0.98
2002	385	493	2848.1	1030.3	115.3	52.8	1.28	1.56	1.01	0.90
2003	351	519	2404.1	1038.2	100.5	55.7	1.48	1.47	1.01	0.95
2004	459	643	3359.0	1351.7	126.6	68.7	1.40	1.39	0.90	0.92
2005	496	716	3656.1	1629.7	135.7	75.8	1.44	1.33	0.97	0.99
2006	576	818	4414.7	1815.0	156.7	86.4	1.42	1.28	0.95	0.92
2007	612	998	5550.4	2220.2	166.3	105.9	1.63	1.23	1.06	0.91
2008	703	1009	5971.7	2777.6	167.4	111.9	1.44	1.19	0.90	1.11
2009	903	999	7233.8	2949.9	212.5	110.6	1.11	1.07	0.87	1.04
2010	1065	1038	9403.8	3176.0	246.0	133.4	0.97	1.00	0.97	1.00
2011	1687	954	14808.6	4496.8	253.5	141.5	0.57	0.95	0.79	1.29

续表

项目	出游人次 （亿人次）		总消费支出 （亿元）		出游率 （%）		人次比	人口比	Q₁值	
	城镇	农村	城镇	农村	城镇	农村	城镇=1	城镇=1	城镇	农村
2012	1933	1024	17678.0	5028.2	290.4	151.9	0.53	0.90	0.95	0.99
2013	2186	1076	20692.6	5583.2	328.4	159.6	0.49	0.86	0.96	1.00
2014	2483	1128	24219.8	6092.1	373.1	167.2	0.45	0.83	0.95	0.99
2015	2810	1190	27610.9	6584.2	297.8	176.2	0.42	0.78	0.94	0.99
2016	3195	1240	32200.0	7100.0	414.3	205.5	0.39	0.74	0.95	1.00
2017	3677	1324	37700.0	8000.0			0.36	0.71	0.94	0.99

资料来源：中国旅游年鉴。

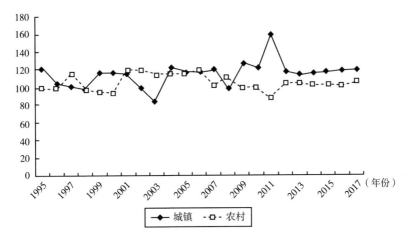

图 3 – 13　城乡居民国内旅游出游人次增长指数变化趋势

见表 3 – 7，由人口比和出游人数比来看，2009 年之前，农村居民出游人数大于城镇居民，2009 年后，城镇居民出游人数大于农村居民出游人数。1994 年，城乡居民人口比为 1∶2.51，出游人次比为 1∶1.56；2008 年，城乡居民人口比为 1∶1.19，出游人次比为 1∶1.44；2017 年，城乡居民人口比为 1∶0.71，出游人次比为 1∶0.36，城乡居民出游人数比与人口比基本同步发展，同时，受收入水平等因素的影响，我国城镇居民出游率大于农村居民出游率，说明我国城镇化发展会在一定程度上促进国内旅游出游规模的增加。

（2）消费支出总额及其主要增长因素判断。如表 3 – 7 所示，1994 ～ 2017 年，城镇居民消费支出额由 848.2 亿元增加到 37700.0 亿元，是原来的

44.45倍，年均增长率为17.94%；农村居民国内旅游消费支出额由175.3亿元增加到8000.0亿元，是原来的45.64倍，年均增长率为18.07%，比城镇居民高出0.13个百分点，城乡居民国内旅游消费年均增长速度基本相同。如图3-14所示，城乡居民国内旅游消费支出额除特殊年份外，其余年份均保持逐年稳步增长态势，增长指数保持在100~130。

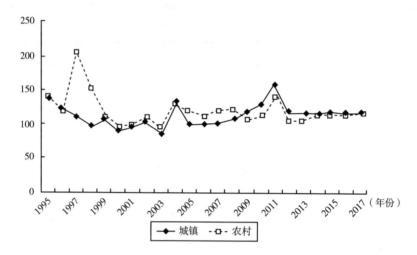

图3-14　城乡居民国内旅游消费增长指数变化趋势

由于旅游消费总额是出游者人均消费支出和出游人次共同作用的结果，即存在出游者人次×出游者人均花费=总消费支出的关系式，故而本书构造旅游消费支出总额增长动因评价指数Q值，并用其判断旅游总消费支出的增长主要表现为出游者人均消费支出的增长还是出游人数的膨胀。Q值的计算公式为：

$$Q_1 = ACI/CI^{1/2} \qquad Q_2 = NI/CI^{1/2} \qquad Q_1 \times Q_2 = 1 \qquad (3-1)$$

其中，ACI表示城乡居民国内旅游出游者人均消费指数；CI表示城乡居民国内旅游消费总额指数；$CI^{1/2}$表示其指数开方；NI表示城乡居民国内旅游出游人次指数。由于$Q_1 \times Q_2 = 1$，故而可以用Q_1或Q_2值来判断总消费支出额的增长主要表现为出游者人数的增长还是出游者人均消费支出的增长。本书用Q_1值来判断，当$Q_1 = 1$时，消费总额的增长是出游人次与出游者人均消费支出增长共同作用的结果；当$Q_1 > 1$时，消费总额的增长主要表现为出游者人均消费支出的增长；当$Q_1 < 1$时，消费总额的增长主要表现为出游者人数

的增长。

由表 3 - 7 可见，1995 ~ 2014 年，部分年份 Q 值大于 1，部分年份 Q 值小于 1，但总体来看，Q_1 值均接近于 1，说明城乡居民国内旅游消费支出的增长是出游人次和出游者人均消费共同增长的结果，但城镇居民国内旅游消费支出总额的增长更多地表现为出游人数的增长，农村居民国内旅游人均消费对国内旅游消费总额增长的贡献率大于城镇居民，这可能与农村居民收入不断提高、人均旅游消费支出不断增加有关，城乡居民国内旅游人均消费支出及变化情况如表 3 - 8 所示。

表 3 - 8　　　　　　　城乡居民国内旅游消费水平及其评价

项目	消费水平（元）		消费水平比	消费水平指数（上年 = 100）		收入水平指数（上年 = 100）		I 值	
	城镇	农村	农村 = 1	城镇	农村	城镇	农村	城镇	农村
1994	414.67	54.88	7.56						
1995	464.02	61.47	7.55	111.9	112.0	122.5	129.2	0.913	0.867
1996	534.10	70.45	11.6	115.1	114.6	113.0	122.1	1.019	0.939
1997	599.80	145.68	5.9	112.3	206.8	106.6	108.5	1.053	1.906
1998	607.00	197.00	3.5	101.2	135.2	105.1	103.4	0.963	1.307
1999	614.80	249.50	3.0	101.3	126.6	107.9	102.2	0.939	1.239
2000	678.60	226.60	4.2	110.4	90.8	107.3	101.9	1.029	0.891
2001	708.30	212.70	5.0	104.4	93.9	109.2	105.0	0.956	0.894
2002	739.70	209.10	4.3	104.4	98.3	112.3	104.6	0.930	0.940
2003	684.90	200.00	3.4	92.6	95.6	110.0	105.9	0.842	0.903
2004	731.80	210.20	3.5	106.8	105.1	111.2	112.0	0.961	0.939
2005	737.10	227.60	3.0	100.7	108.3	111.4	110.8	0.904	0.977
2006	766.40	221.90	3.1	104.0	97.5	112.1	110.2	0.928	0.885
2007	906.90	222.50	3.1	118.3	100.3	117.2	115.4	1.009	0.869
2008	849.36	275.28	2.6	93.7	123.7	114.5	115.0	0.818	1.076
2009	801.10	295.30	2.7	94.3	107.3	108.8	108.2	0.867	0.991
2010	883.00	306.00	2.9	110.2	103.6	111.3	114.9	0.991	0.902
2011	877.80	471.40	1.9	99.4	154.1	114.1	117.9	0.871	1.307
2012	914.50	491.00	1.9	104.2	104.2	112.6	113.5	0.925	0.918
2013	946.60	518.90	1.8	103.5	105.7	109.7	112.4	0.943	0.940

续表

项目	消费水平 （元）		消费 水平比	消费水平指数 （上年＝100）		收入水平指数 （上年＝100）		I 值	
	城镇	农村	农村＝1	城镇	农村	城镇	农村	城镇	农村
2014	975.40	540.20	1.8	103.0	104.1	109.0	111.2	0.945	0.936
2015	985.50	554.20	1.8	101.0	102.6	106.2	108.9	0.952	0.942
2016	1009.10	576.40	1.7	102.4	104.0	107.8	114.8	0.950	0.906
2017	1024.60	603.30	1.7	101.5	104.7	108.3	108.6	0.938	0.963

资料来源：原始数据来源于中国旅游年鉴，指数及 I 值由原始数据计算得出。

3.2.3.2　消费水平

（1）消费水平及其演变。城乡居民国内旅游消费水平指城乡居民在国内旅游消费中所能达到并维持的一种状态，其有狭义和广义之分：狭义旅游消费水平是指按人口平均的旅游消费品的数量，可以用货币表示，如人均旅游消费支出；广义的旅游消费水平不仅包括消费的旅游产品的数量，还包括旅游消费品的质量。本书主要探讨狭义的旅游消费水平，即城乡居民国内旅游人均消费支出。

如表3-8所示，1994~2017年，城乡居民国内旅游人均消费支出逐年增长，消费水平不断提高，按当年价格计算的城镇居民国内旅游人均消费支出由414.67元提高到1024.6元，增长了2.47倍，年均增长4%；2009~2017年，农村居民人均消费支出由54.88元上升到603.3元，增长了10.99倍，年均增长10.98%，增长倍数及年均增长率明显高于城镇居民。由1994~2017年的旅游消费水平指数可以看出，除特殊年份消费水平指数小于100外，其余均保持在100以上，消费水平增长速度虽有波动，但幅度不大，增长较为平稳。同时，由城乡居民国内旅游人均消费支出比可以看出，城乡居民国内旅游消费水平存在二元结构，城镇居民国内旅游消费水平高于农村居民，但其增长较为缓慢，农村居民收入水平低于城镇居民，故而旅游消费水平也相应较低，随着农村居民收入水平的不断提高以及旅游消费意愿的增强，农村居民旅游消费水平也不断提高，城乡居民国内旅游消费水平之间的差距在逐渐缩小。

（2）消费水平的评价。旅游消费是国民经济发展到一定阶段的产物，因此，在纵向分析城乡居民国内旅游消费水平发展的基础上，本书再从横向考察城乡居民国内旅游消费水平的提高与居民收入水平的适应程度。有学者根据居民消费支出和国民收入增长的比例关系将居民消费分为三种类型：同步型消费、滞后型消费、早熟型消费。在城乡居民国内旅游消费中，旅游消费水平与居民收入之间同样存在相类似的关系。据此，城乡居民国内旅游消费也有三种类型：同步型消费，即城乡居民国内旅游消费支出与居民可支配收入同步增长、协调发展，这种类型有利于经济持续稳定增长；滞后型消费，即城乡居民国内旅游消费支出增长速度落后于居民可支配收入增长速度，这种类型的存在或因为外在因素的干扰，或因为旅游产品供给存在结构性问题，从而导致消费需求疲软，削弱消费需求对经济增长的拉动作用；早熟型消费，即城乡居民消费水平超出居民收入水平的一种模式，表现为城乡居民国内旅游消费支出的增长持续高于居民收入的增长，属于超常规消费，这种消费类型的存在主要是因为消费的示范效应，在攀比心理的作用下，低收入阶层的居民会不顾自身收入的限制盲目效仿高收入阶层的消费方式，并且由于消费的不可逆性，他们会一直保持这种消费水平，这种类型同样不利于经济的稳定增长。

　　本书借用这一方法来衡量城乡居民国内旅游消费水平与居民可支配收入之间的适应程度，并构建城乡居民国内旅游消费水平的评价指数 I 值，来综合评价城乡居民国内旅游消费水平。I 值的计算公式为：

$$I = CI/YI \qquad\qquad (3-2)$$

其中，I 为城乡居民国内旅游消费水平与居民收入水平适应度指数；CI 为城乡居民国内旅游消费水平指数；YI 为居民收入水平指数，CI 和 YI 均以上年为 100，当 I = 1 时为同步型消费，当 I < 1 时为滞后型消费，当 I > 1 时为早熟型消费。

　　从表 3 - 8 可以看出，1994 ~ 2017 年，除了个别年份外，城乡居民国内旅游消费水平评价指数都小于但接近于 1，说明我国城乡居民国内旅游消费均属于轻度滞后消费，即城乡居民国内旅游消费支出增长速度稍落后于居民可支配收入增长速度，该情况的存在或因为外在因素的干扰，或因为旅游产品供给存在结构性问题，从而导致消费需求疲软，会削弱国内消费需求对经济增长的拉动作用。

3.2.3.3　消费倾向与消费率

旅游平均消费倾向是指一定时期内某地旅游消费总额与其居民总收入的比值。旅游消费率是某地一定时期内的旅游消费总额与国内生产总值的比值。它们可以从价值的角度反映一定时期内某一国家或地区居民的旅游需求强度和需求意愿。

（1）消费倾向分析。根据凯恩斯消费理论，居民的旅游消费支出与收入之间存在一定的函数关系，即随着收入的提高，旅游消费支出也会增加，但增加的速度慢于收入的增加速度，边际消费倾向递减，这就意味着随着收入与旅游消费支出的增加，旅游消费在收入中所占的比重减少，也即平均消费倾向下降。但实际情况是，当居民收入达到一定程度，居民的旅游消费需求得到满足后，平均消费倾向才会下降。1994～2017年，城乡居民国内旅游消费倾向数据如表3-9所示，其变化趋势如图3-15所示。

表3-9　　　　　　　　城乡居民国内旅游消费率与平均消费倾向

项目	消费率（%）		APC		Y/GDP（%）		项目	消费率（%）		APC		Y/GDP（%）	
	城镇	农村	城镇	农村	城镇	农村		城镇	农村	城镇	农村	城镇	农村
1994	1.69	0.35	0.0710	0.0168	23.8	20.8	2006	1.99	0.82	0.0651	0.0686	30.6	11.9
1995	1.80	0.37	0.0757	0.0174	23.8	21.5	2007	2.11	0.84	0.0678	0.0737	31.1	11.5
1996	1.85	0.36	0.0758	0.0165	24.3	22.1	2008	1.95	0.91	0.0624	0.0809	31.2	11.2
1997	1.90	0.69	0.0762	0.0319	24.9	21.6	2009	2.16	0.88	0.0653	0.0830	33.1	10.6
1998	1.75	1.01	0.0671	0.0487	26.1	20.8	2010	2.30	0.77	0.0735	0.0879	31.3	8.8
1999	1.92	1.19	0.0683	0.0598	28.1	19.9	2011	3.14	0.95	0.0983	0.0982	32.0	9.7
2000	2.26	0.95	0.0775	0.0516	29.2	18.5	2012	3.40	0.97	0.1011	0.1146	33.6	8.5
2001	2.43	0.80	0.0804	0.0463	30.3	17.3	2013	3.52	0.95	0.1070	0.0940	32.9	10.1
2002	2.37	0.86	0.0736	0.0532	32.1	16.1	2014	3.76	0.95	0.1121	0.0939	33.5	10.1
2003	1.76	0.76	0.0542	0.0515	32.5	14.8	2015	4.00	0.96	0.1148	0.0955	34.8	10.1
2004	2.10	0.84	0.0657	0.0608	31.9	13.9	2016	4.33	0.95	0.1208	0.0974	35.8	9.8
2005	1.94	0.86	0.0620	0.0672	31.3	12.9	2017	4.56	0.97	0.1273	0.1033	35.8	9.4

资料来源：原始数据来源于中国旅游年鉴，本表数据由原始数据计算得出。

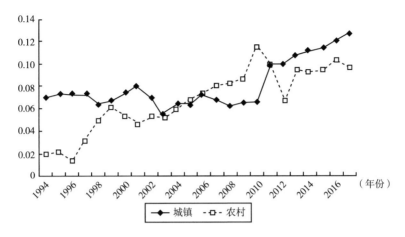

图 3 – 15　城乡居民国内旅游消费倾向变化趋势

由表 3 – 9 和图 3 – 15 可以看出，1994～2017 年，城镇居民国内旅游平均消费倾向的基本走势是先降后升，1994～2009 年，城镇居民国内旅游平均消费倾向基本保持在 0.06 和 0.07 左右，个别年份虽有波动，但变化幅度不大，说明其平均消费倾向总体保持稳定。2009 年后，城镇居民国内旅游消费倾向开始逐年上升，2017 年，城镇居民国内旅游消费倾向上升到 0.1273。1994 年前后，我国国内旅游开始起步，城镇居民的国内旅游热情还较为高涨，所以前几年，旅游消费倾向有所上升，但此后几年，人们的旅游热情有所释放，加之受到收入水平、休闲时间、旅游供需不匹配等因素的制约，人们的旅游热情有所冷却，旅游消费倾向有所下降。同时，城镇居民内部国内旅游消费存在两极分化现象，随着城镇居民内部收入差距的扩大，收入越向高收入阶层集中，高收入阶层在国内旅游消费需求得到满足，现有国内旅游产品边际效用递减的情况下，有钱不想花，将眼光转向出境旅游，这也导致整体国内旅游平均消费倾向出现小幅下滑趋势。2007 年，我国进行了节假日制度调整，公布了全国年节及纪念日放假办法和职工带薪休假条例两项政策法规，2008 年，新的节假日制度和带薪休假制度开始实施，加之此后我国收入分配制度的改革，城镇居民收入水平不断上升、收入逐步均等化，城镇居民有了更多的可支配收入和闲暇时间。同时，全国各地不断进行旅游供给改革，以更好地满足游客需求，所以国内旅游消费热情又有所提升，城镇居民的国内旅游消费倾向有所提升。

1994～2017 年，农村居民国内旅游平均消费倾向的基本走势是持续上升。这主要是因为现阶段我国农村居民国内旅游才刚刚起步，旅游需求远没有得到满足，随着收入水平的提高，农村居民在基本的物质需求得到满足后，会将更多的钱用于旅游享受。另外，虽然这一时期以来物价飞涨，但农村居民名义收入增长较快，尤其是 2008～2017 年，农村居民名义收入增长速度始终高于城镇居民名义收入增长速度，货币幻觉加上消费的不可逆性使农村居民的旅游消费持续增长，所以旅游消费倾向持续上升。相比较而言，农村居民的旅游消费水平更多地受收入水平的限制，其旅游消费略低于城镇居民。

（2）消费率及其主要决定因素判断。从表 3 - 9 和图 3 - 16 可以看出，1994～2008 年间我国城乡居民国内旅游消费率的基本走势。城乡居民国内旅游消费率的基本走势均是中间虽有波动，但总体保持持续上升状态；1994～2008 年，城镇居民总体消费率较低，大部分年份的消费率都低于 2.0；消费率增长缓慢，虽有上升，但增幅不大。城镇居民消费率在连续经历了 1994～1997 年的上升阶段以后，受 1998 年洪水及职工下岗等因素的影响，稍有下降，之后缓慢恢复。2000 年，我国正式推行的以"黄金周"为主要形式的假日经济带动了城镇居民国内旅游的火爆发展，其延续效应使得城镇居民国内旅游消费率在 2001 年达到最高值 2.43%，之后居民旅游消费逐步趋于理性，消费率小幅下降。2008 年后，节假日制度等改革使得旅游出游热情进一步释放，旅游消费率又逐年增加，且增速快于前一个时期，2017 年消费率增加到 4.56。

农村居民国内旅游消费率除 1998 年、1999 年外，始终处于 1% 以下的低水平。村居民消费率在 1994～1996 年稳定在 0.3% 左右，1997～1999 年有较大幅度的上升，1999 年到达最高值 1.19%，此后稍有下降，但始终较稳定地保持在 0.8% 以上，总体趋于上升态势，但上升幅度不大。2011 年后逐年上升，始终保持在 0.9 以上。2017 年，农村居民国内旅游消费率为 0.97，比城镇居民低 3.59 个百分点。近年来，农村居民收入水平逐步提高，生活水平有了相当大的提高，但基于农民增收空间有限、惠农政策直接增加农民

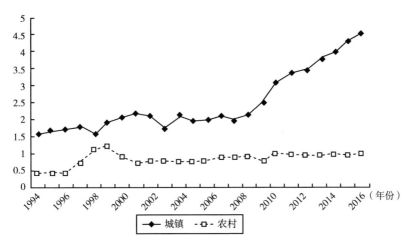

图 3 – 16   城乡居民国内旅游消费率变化趋势

收入的份额较少、农民生产负担重等现实问题的存在，农民生活水平和消费水平与城镇居民相比还是有很大的差距。

为了更直观地了解城乡居民国内旅游消费率的情况，我们进一步用下面的关系式来分析一下城乡居民国内旅游消费率的变化原因。

旅游消费率与平均消费倾向之间存在如下关系：

$$C_r = C/GDP = (C/Y) \times (Y/GDP) \qquad (3-3)$$

其中，C_r 表示旅游消费率；C 为旅游消费支出总额；Y 为居民可支配收入总额；C/Y 为居民旅游平均消费倾向；Y/GDP 表示居民可支配收入总额占GDP 的比重。由此可见，居民旅游消费率有两个基本因素决定：居民收入占GDP 的比重和居民旅游平均消费倾向。

由表 3 – 9 可以看出，城镇居民收入占 GDP 的比重持续上升，旅游消费率的先升后小幅回落再较快提升的变化态势主要是受城镇居民旅游平均消费倾向影响的结果，两者的曲线变化基本相似也说明了这一点。因此，提高城镇居民国内旅游平均消费倾向有利于提高其旅游消费率。而在现有收入差距持续扩大的情况下，通过提高城镇居民收入占 GDP 的比重来提高城镇居民收入总水平的结果只会进一步降低城镇居民国内旅游平均消费倾向，对提高城镇居民旅游消费率的影响不会太大。农村居民收入占 GDP 的比重持续下降，旅游消费率的上升得益于平均消费倾向的上升，因此，增加农村居民收入占 GDP 的比重对提高农村居民国内旅游消费率作用较大。

3.2.3.4 消费结构

城乡居民国内旅游消费结构是指城乡居民在国内旅游过程中消费的各种类型的旅游产品及相关消费资料的比例关系。依据不同的分类标准可以使用不同的划分方法，按照旅游消费资料的不同用途，旅游消费结构可分为"吃、住、行、游、购、娱"六个方面需求的消费。按这些需求的重要性又可以将其划分为基本旅游消费和非基本旅游消费。基本旅游消费是进行一次旅游活动所必需的且基本稳定的消费，如交通、住宿、餐饮、游览等方面的消费，而非基本旅游消费是指并非每次旅游活动都必需的具有较大弹性的消费，如购物、娱乐、通信、医疗的消费。非基本消费所占比重可以反映一地旅游经济的发展水平。按照旅游消费目的，旅游消费分为观光游览、探亲访友、休闲度假、商务会议、宗教朝拜等方面的消费。其中，观光游览、探亲访友属于基础层次的消费，休闲度假属于提高层次的消费，商务会议等专项旅游是最高层次的消费，层次较高的消费在总消费中的比值反映一地旅游经济的发展水平及其对经济增长的影响大小。本书依据历年《中国国内旅游抽样调查资料》的旅游消费分类方法和统计结果，基于数据的可获得性，对城乡居民的旅游消费需求结构进行分析。原始数据均来源于各年《中国国内旅游抽样调查资料》和国务院发展研究中心数据库。

（1）按资料用途划分的旅游消费结构。由表 3 - 10 可以看出，2005 ~ 1997 年，城乡居民旅游花费主要集中在交通、餐饮、购物和住宿四部分，四部分比重之和约占百分之七八十，且这四部分的比重还有逐步扩大的趋势。如果我们把旅游花费分为基本花费和非基本花费的话，这四部分就是基本花费，其比重过高，非基本消费用的支出比重较少，尤其是娱乐比重较低，说明各地休闲娱乐产品的开发和娱乐设施的完善是亟待解决的问题，非基本消费比重过低不利于旅游促进地方经济的发展。

表 3 – 10　　　　按照用途划分的城乡居民国内旅游消费结构比例变化　　　单位：%

项目	交通		住宿		餐饮		游览		购物		娱乐		邮讯		其他	
	城镇	农村	城镇	农村	城镇	农村	城镇	农村	城镇	农村	城镇	农村	城镇	农村	城镇	农村
2005	30.0	28.4	13.0	5.9	26.7	20.2	8.5	3.7	15.9	32.5	2.8	1.0	0.8	1.4	5.3	6.9
2006	29.6	30.2	11.3	7.0	26.3	20.7	7.9	3.6	15.9	29.3	2.5	1.1	0.8	1.9	5.7	6.1
2007	27.2	30.5	11.2	5.5	26.1	20.0	7.5	3.4	17.0	30.4	2.4	1.1	0.7	2.1	7.9	7.0
2008	23.9	26.0	9.10	5.8	27.8	20.4	6.3	2.7	18.0	30.5	3.1	1.1	1.1	1.3	5.6	8.3
2009	28.4	25.3	12.0	6.2	23.8	20.6	6.4	5.9	19.9	31.7	2.9	1.1	1.0	1.1	5.7	8.0
2011	33.7	28.4	14.5	10.7	22.2	22.4	5.3	4.9	20.4	28.8	—	—	—	—	3.9	4.8
2012	32.1	28.8	14.1	11.3	24.9	26.3	4.5	4.5	19.8	25.5	—	—	—	—	3.7	3.7
2013	32.7	29.3	13.5	9.4	26.2	27.7	5.3	4.6	18.9	25.6	—	—	—	—	3.4	3.4
2014	32.3	30.5	15.4	11.0	26.3	26.8	6.2	4.5	17.0	24.6	—	—	—	—	2.8	2.5
2015	30.9	29.5	15.8	11.2	26.0	26.0	5.6	4.8	18.9	24.4	—	—	—	—	3.3	3.3
2016	34.3	31.6	17.7	13.0	26.0	27.2	6.1	6.4	12.3	16.8	—	—	—	—	3.5	5.0
2017	36.3	34.9	17.5	12.6	22.9	25.2	5.4	4.8	12.7	14.8	—	—	—	—	5.2	7.7

资料来源：国内旅游抽样调查资料。

从城乡居民各项花费构成来看，城镇居民交通费和住宿费虽然增幅不大，但有逐年增加的趋势，其他费用支出的变化趋势不明显；农村居民交通费、住宿费、餐饮费和游览费用都在逐步增加，增幅不大，购物费用比重在逐步减少；城乡居民花费构成有一些差异，城镇居民花在交通、住宿和游览方面的费用略高于农村居民，农村居民购物方面的支出略大于城镇居民，说明城乡居民国内旅游消费都趋于成熟、理性，更加注重旅游消费的舒适性和适用性。

（2）按消费目的划分的旅游消费结构。按目的划分的城乡居民国内旅游消费结构可以说明其消费层次，具体情况见表 3 – 11 和表 3 – 12。由于国内旅游抽样调查在 2010 年的时候口径发生变化，故而我们将前后的数据分别对比分析，大致反映城乡居民国内旅游消费层次的变化。

表 3 – 11   2000～2007 年按照目的划分的城乡居民国内旅游
消费结构比例变化   单位：%

项目	观光游览		探亲访友		休闲度假		商务会议		其他		(医疗保健)
	城镇	农村	城镇	农村	城镇	农村	城镇	农村	城镇	农村	
2000	40.3	26.5	20.0	29.7	11.2	2.9	20.0	23.2	8.5	17.8	
2001	44.7	27.2	19.0	33.7	10.0	4.2	18.5	14.3	7.8	20.5	8.9
2002	43.2	20.5	22.8	44.0	10.8	2.6	14.7	12.0	8.5	20.8	8.9
2003	42.3	21.3	22.8	39.2	14.1	4.9	14.2	10.4	6.7	24.3	11.9
2004	48.8	25.3	18.5	40.6	13.4	5.0	11.6	7.7	7.7	21.4	10.0
2005	48.9	24.3	19.9	35.6	11.7	3.9	11.8	8.2	7.7	28.0	17.5
2006	46.4	23.4	21.6	45.1	13.7	4.1	11.6	7.1	6.7	20.2	11.0
2007	48.2	24.7	21.3	45.4	14.2	3.9	9.1	6.7	6.9	19.3	10.5

资料来源：国内旅游抽样调查资料。

表 3 – 12   2011～2017 年按照目的划分的城乡居民国内旅游
消费结构比例及变化   单位：%

项目	观光游览		探亲访友		休闲度假		商务会议		疗养		其他	
	城镇	农村	城镇	农村	城镇	农村	城镇	农村	城镇	农村	城镇	农村
2011	29.5	18.5	28.9	42.4	23.7	15.6	15.2	15.6	1.3	2.7	1.3	5.3
2012	28.0	19.4	32.0	41.3	24.4	17.1	12.8	12.5	1.5	4.0	1.4	5.6
2013	28.1	18.8	33.3	42.8	25.6	16.6	10.6	11.7	1.7	3.9	1.0	6.1
2014	14.2	6.5	24.0	30.9	50.1	32.8	9.1	15.4	1.3	5.1	1.3	9.4
2015	13.9	6.4	27.2	31.8	48.3	36.4	8.1	12.9	1.4	4.5	1.1	8.1
2016	29.5	21.8	22.1	29.3	30.1	20.7	12.6	18.1	1.2	1.7	4.4	8.3
2017	29.4	22.8	29.8	35.7	24.8	14.5	11.9	18.3	1.1	1.9	3.0	6.8

资料来源：国内旅游抽样调查资料。

    表 3 – 11 显示，2000～2007 年，按照旅游目的划分的城乡居民国内旅游消费支出比重由大到小依次是城镇居民：观光游览 ＞ 探亲访友 ＞ 商务会议 ＞ 休闲度假 ＞ 其他消费支出；农村居民：探亲访友 ＞ 观光游览 ＞ 其他消费支出 ＞ 商务会议 ＞ 休闲度假。其中，基础层次的观光游览和探亲访友消费支出在

城乡居民国内旅游消费支出总额中占有很大的比重，且城镇居民是以观光游览为主，农村居民以探亲访友为主。休闲度假属于较高层次的消费，出游者人均消费支出较高，但出于人数较少，所以在总消费中的比重始终不高，其消费比重虽有逐年上升趋势，但是上升幅度不大。商务会议游客消费支出水平最高，但由于受金融危机的影响，企业经济大都不景气，加之国家对政府等部门公费旅游的限制，商务会议消费支出比重有所下降。城镇居民其他服务消费支出比重较小，农村居民其他服务支出比重较高，位居第三，其消费支出中的50%来源于医疗保健消费，农村居民出游者中有相当一部分是以进城看病就医为主要目的，这一部分消费支出比重始终稳定在10%左右，除去医疗保健消费支出，城乡居民在其他服务消费方面的支出比重相差不大。整体来看，城乡居民国内旅游消费层次虽在逐步提高，但是整体消费层次还停留在基础消费层次上，消费层次不高。

表3-12显示，2011~2017年，城乡居民国内旅游消费目的主要为休闲度假、探亲访友、观光游览和商务会议四个方面。除农村居民探亲访友的比重有所下降和商务会议的比重有所上升变化比较明显外，其他各出游目的变化不太明显。但与2007年前相比，总体来看，城乡居民休闲度假和商务会议的比重有所提升，观光游览和探亲访友的比重有所下降，说明我国城乡居民国内旅游出游目的逐步向较高层次发展，观光游览的比重逐步下降，休闲度假的比重逐步上升，这种变化已经成为国内旅游市场的中长期发展趋势。

总体来看，我国城乡居民国内旅游消费正经历着消费规模从小到大、消费水平从低到高、消费意愿不断增强、消费结构从不合理到逐渐合理的动态发展过程。但其发展过程中也不可避免地存在一系列问题，主要表现为：出游人数和消费支出增长较为缓慢；消费水平还较低，消费规模的扩张主要表现为出游人数的膨胀，消费属于轻度滞后消费；城镇高收入阶层消费倾向下降，有钱不想花，低收入阶层和农村居民消费倾向不断上升，消费意愿强烈，但其收入在GDP中所占比重逐年下滑，想花却没有钱；消费结构中非基本消费比重依然较高，出游目的虽然在逐步向休闲度假转变，但消费层次依然较低。城乡居民的这些消费特征除受经济因素影响外，还受到旅游产品结构、旅游产品质量及旅游消费环境等因素的影响。长期以来，我国旅游产品供给重基本消费产品，轻非基本消费产品，重基础层次的旅游消费供给，较高层次的旅游产品供给缺乏创新，难以引起消费者的兴趣。同时，由于旅游消费环境不佳，坑蒙拐骗现象时有发生，所以导致了诸如消费结构不合理、消费倾向下降等问题。因此，提高城乡居民中低收入者的收入水平，缩小城乡之间、城乡内部居民的收入差距，营造良好的旅游消费环境，提高旅游产品质量，调整和优化旅游产品结构，是提高城乡居民国内旅游消费水平、优化消费结构、提升消费档次、促使国内旅游消费由数量扩张型向质量效益型转变的关键所在。

3.3　城乡居民收入变化及其与旅游消费的相关性

3.3.1　城镇居民收入变化及其与旅游的相关性

由表 3 - 13 可知，1994～2017 年，我国城镇居民的人均旅游消费支出和人均可支配收入都呈现稳步上升的趋势。1994 年城镇人均可支配收入为 3496.20 元，2017 年达到 36396.20 元，是 1994 年的 10.40 倍，年均增长 10.7%；1994 年城镇居民旅游人均消费支出是 414.67 元，2017 年为 1024.60 元，是 1994 年的 2.47 倍，年均增长 4%。城镇人均可支配收入和人均旅游花费都有一定幅度的提升，但人均可支配收入增幅明显大于旅游消费支出的增幅。

表 3 - 13　1994～2017 年我国城镇居民人均可支配收入和人均旅游消费支出情况

年份	城镇居民人均可支配收入（元）	增长率（%）	城镇居民人均旅游花费（元）	增长率（%）
1994	3496.20		414.67	
1995	4283.00	22.50	464.02	11.90
1996	4838.90	12.98	534.10	15.10

续表

年份	城镇居民人均可支配 收入（元）	增长率 （%）	城镇居民人均旅游 花费（元）	增长率 （%）
1997	5160.30	6.64	599.80	12.30
1998	5425.10	5.13	607.00	1.20
1999	5854.02	7.91	614.80	1.29
2000	6280.00	7.28	678.60	10.38
2001	6859.60	9.23	708.30	4.38
2002	7702.80	12.29	739.70	4.43
2003	8472.20	9.99	684.90	-7.41
2004	9421.60	11.21	731.80	6.85
2005	10493.00	11.37	737.10	0.72
2006	11759.50	12.07	766.40	3.98
2007	13785.80	17.23	906.90	18.33
2008	15780.76	14.47	849.36	-6.34
2009	17174.65	8.83	801.10	-5.68
2010	19109.44	11.27	883.00	10.22
2011	21809.78	14.13	877.80	-0.59
2012	24564.72	12.63	914.50	4.18
2013	26955.10	9.73	946.60	3.51
2014	29381.00	9.00	975.40	3.04
2015	31194.80	6.17	985.50	1.04
2016	33616.25	7.76	1009.10	2.39
2017	36396.20	8.27	1024.60	1.54

资料来源：国家统计局网站。

图 3-17 也显示了城镇居民人均可支配收入和旅游消费支出的变化情况，由图 3-17 也可以看出两者的变化情况，人均可支配收入的变化曲线较陡，旅游消费支出的变化曲线较为平缓，说明可支配收入的变化幅度大于旅游消费支出的变化幅度。

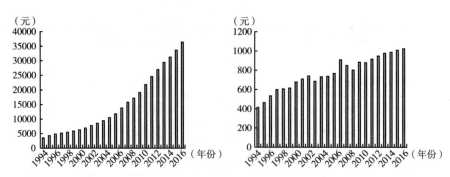

图 3 – 17　1995 ~ 2017 年城镇居民人均可支配收入和人均旅游消费支出变化情况

　　城镇居民可支配收入和旅游消费支出的相关性可以由图 3 – 18 看出。图中显示的是两者的增长率和增长率趋势线。从图中可以看出，城镇居民旅游消费支出的增长率曲线波动较大，人均可支配收入的增长率曲线波动较小，曲线较为平缓，但两者的增长率曲线大致同方向变化；从两者的趋势线也可以看出，两者的增长率曲线变化趋势大致相同，都是有所下降，但旅游消费支出的下降幅度略大于人均可支配收入的下降幅度。这说明城镇居民旅游消费支出和人均可支配收入是基本同步变化的，即城镇居民国内旅游消费支出会受到其人均可支配收入的影响。为了进一步说明两者的关系，我们对其进行相关关系分析。将 1994 ~ 2017 年城镇居民人均可支配收入和农村居民人均旅游花费分别作为 X、Y 轴制作散点图如图 3 – 19 所示，经过观察初步判断，两者存在一定的正相关性，因此，有必要进行下一步的分析。

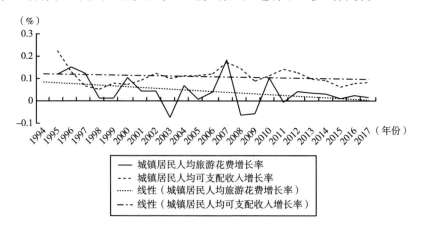

图 3 – 18　历年城镇居民人均旅游花费与人均可支配收入增长率

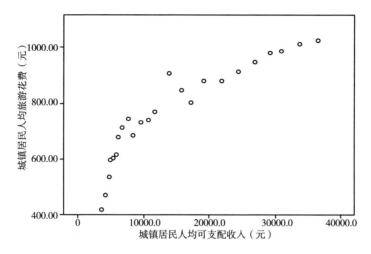

图 3 – 19　城镇居民人均可支配收入与旅游花费散点图

由表 3 – 14 可知，城镇居民人均旅游花费的平均值为 768.9604，标准偏差为 173.34178；城镇居民人均可支配收入的平均值为 14992.280，标准偏差为 10426.9974。

表 3 – 14　　　　　城镇居民人均可支配收入与旅游花费描述统计表

	平均值	标准偏差	N
城镇居民人均旅游花费（元）	768.9604	173.34178	24
城镇居民人均可支配收入（元）	14992.280	10426.9974	24

由表 3 – 15 可知，城镇居民人均旅游花费和城镇居民人均可支配收入的 Pearson 的相关系数为 0.911，右上角标示"＊＊"，相伴概率小于 0.01，即在 0.01 的显著性水平上极显著，说明城镇居民人均旅游花费和城镇居民人均可支配收入呈显著正相关，即城镇居民人均可支配收入越高，城镇居民人均旅游花费随之增高，城镇居民旅游消费会受到收入的影响。

表 3 – 15　　　　　城镇居民人均可支配收入与旅游花费相关性

		城镇居民人均可支配收入（元）	城镇居民人均旅游花费（元）
城镇居民人均旅游花费（元）	Pearson 相关性	0.911＊＊	1
	显著性（单尾）	0.000	
	N	24	24

续表

		城镇居民人均可支配收入（元）	城镇居民人均旅游花费（元）
城镇居民人均可支配收入（元）	Pearson 相关性	1	0.911**
	显著性（单尾）		0.000
	N	24	24

注：** 表示在置信度（单测）为 0.01 时，相关性是显著的。

3.3.2 农村居民收入变化及其与旅游的相关性

1994～2017 年，我国农村居民人均可支配收入和国内旅游消费支出数据及其增长率见表 3-16。由表可知，1994～2017 年，我国农村居民人均可支配收入和人均旅游消费支出也整体呈现上升趋势。1994 年农村居民人均可支配收入为 1221.0 元，2017 年达到 13432.4 元，是 1994 年的 11 倍，年均增长为 10.99%；1994 年农村居民旅游人均消费支出是 54.88 元，2017 年为603.3 元，是 1994 年的 10.99 倍，年均增长也是 10.99%。城镇人均可支配收入和人均旅游花费都有较大幅度的提升，两者增幅基本相同。

表 3-16　　历年农村居民人均可支配收入和人均旅游消费支出情况

年份	农村居民人均可支配收入（元）	增长率（%）	农村居民人均旅游花费（元）	增长率（%）
1994	1221.0		54.88	
1995	1577.7	29.21	61.47	12.01
1996	1926.1	22.08	70.45	14.61
1997	2090.1	8.51	145.68	106.78
1998	2162.0	3.44	197.00	35.23
1999	2210.3	2.23	249.50	26.65
2000	2253.4	1.95	226.60	-9.18
2001	2366.4	5.01	212.70	-6.13
2002	2475.6	4.61	209.10	-1.69
2003	2622.2	5.92	200.00	-4.35
2004	2936.4	11.98	210.20	5.10
2005	3254.9	10.85	227.60	8.28
2006	3587.0	10.20	221.90	-2.50

续表

年份	农村居民人均可支配 收入（元）	增长率（%）	农村居民人均旅游 花费（元）	增长率（%）
2007	4140.4	15.43	222.50	0.27
2008	4760.6	14.98	275.28	23.72
2009	5153.2	8.25	295.30	7.27
2010	5919.0	14.86	306.00	3.62
2011	6977.3	17.88	471.40	54.05
2012	7916.6	13.46	491.00	4.16
2013	8895.9	12.37	518.90	5.68
2014	9892.0	11.20	540.20	4.10
2015	10772.0	8.90	554.20	2.59
2016	12363.4	14.77	576.40	4.01
2017	13432.4	8.65	603.30	4.67

资料来源：国家统计局网站。

　　图 3 - 20 也显示了农村居民人均可支配收入和旅游消费支出的变化情况，由图 3 - 20 也可以看出两者的变化情况，两者是同方向但不同步变化，人均可支配收入的变化曲线较为平滑，旅游消费支出的变化曲线波动较大。

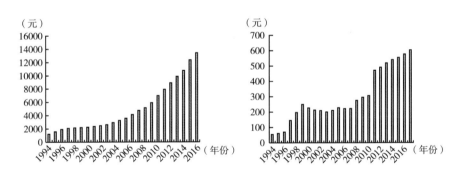

图 3 - 20　1995 ~ 2017 年农村居民人均可支配收入和人均旅游消费支出变化情况

　　农村居民可支配收入和旅游消费支出的关系还可以由图 3 - 21 看出。图 3 - 21 中显示的是两者的增长率和增长率趋势线。从图中可以看出，农村居民旅游消费支出的增长率曲线波动较大，人均可支配收入的增长率曲线波动较小，曲线较为平缓，但两者的增长率曲线大致同方向变化；从两者的趋势线也可以看出，两者的增长率曲线变化趋势大致相同，人均可支配收入增长率趋势线基本呈水平状态，但旅游消费支出增长率趋势线略有下降。这说明农村居民旅游消费支出和人均可支配收入是基本同步变化的，即农村居民国内旅游消费支出会受到其人均可支配收入的影响。

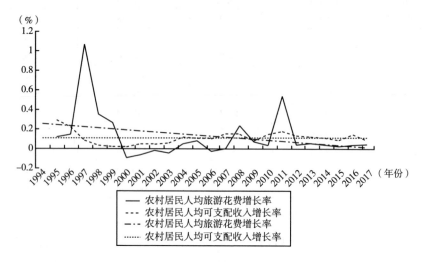

图 3 - 21 1994 ~ 2017 年农村居民人均旅游花费与人均可支配收入增长率

为了进一步说明两者的关系，我们将 1994 ~ 2017 年农村居民人均可支配收入和农村居民人均旅游花费分别作为 X、Y 轴制作散点图如图 3 - 22 所示，经过观察初步判断两者存在一定的正相关性，因此，有必要进行下一步的分析。

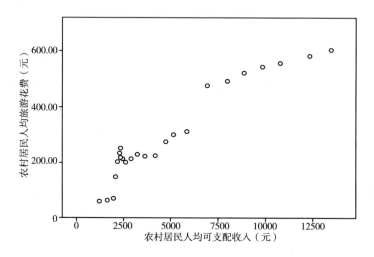

图 3 - 22 农村居民人均可支配收入与旅游花费散点图

由表 3 - 17 可知，农村居民人均旅游花费的平均值为 297.5650，标准偏差为 170.46425；农村居民人均可支配收入的平均值为 5037.75，标准偏差为 3655.548。

表 3 - 17　　　　农村居民人均可支配收入与旅游花费描述统计表

	平均值	标准偏差	N
农村居民人均旅游花费（元）	297.5650	170.46425	24
农村居民人均可支配收入（元）	5037.75	3655.548	24

由表 3 - 18 可知，农村居民人均旅游花费和农村居民人均可支配收入的 Pearson 的相关系数为 0.957，右上角标示" ** "，相伴概率小于 0.01，即在 0.01 的显著性水平上极显著，说明农村居民人均旅游花费和农村居民人均可支配收入呈显著正相关。由城乡居民国内旅游消费支出与收入的相关系数可以看出，农村居民的相关性大于城镇居民的相关性，说明农村居民国内旅游消费支出受收入的影响更大，这与我国城乡居民的实际情况比较吻合。

表 3 - 18　　　　农村居民人均可支配收入与旅游花费相关性

		农村居民人均旅游花费（元）	农村居民人均可支配收入（元）
农村居民人均旅游花费（元）	Pearson 相关性	1	0.957 **
	显著性（单尾）		0.000
	N	24	24
农村居民人均可支配收入（元）	Pearson 相关性	0.957 **	1
	显著性（单尾）	0.000	
	N	24	24

注：** 表示在置信度（单测）为 0.01 时，相关性是显著的。

第 4 章

基于收入假说的国内旅游消费需求
函数模型构建

　　凯恩斯于 1936 年在《就业、利息与货币通论》一书中首次提出消费函数，即以研究消费行为与其影响因素之间关系的函数。之后，消费函数就成为经济学中研究的重要课题。近年来学者对消费函数在我国的实践进行了大量研究，研究涉及众多方面，主要有以下几个方面：一是关于实践中的消费数据与其影响因素之间的模型计量验证研究，以及消费函数演变后的收入假设、相对收入、生命周期、持久收入、预防性储蓄和流动性约束等函数模型的实践计量验证。例如，丁忆（2011）、周建（2005）和杭斌（2017）等众多学者均进行了研究。二是关于消费理论的发展演变，典型代表如罗晰文（2014）。三是由消费函数发展演变至医疗消费、旅游消费和其他消费与其影响因素之间的研究。例如，庞世明（2012）、徐翠蓉（2017）、朱波（2015）和周文丽（2010）等进行了深入研究。综观国内外学者的研究可以看出，旅游消费与收入之间的研究近年来逐渐增多，并进一步完善。关于旅游消费与收入之间的研究大部分集中在单个的收入假设、相对收入、生命周期、持久收入、预防性储蓄和流动性约束等函数模型的实践检验，基于收入假设、相对收入、生命周期、持久收入、预防性储蓄和流动性约束等函数比较验证的研究极少，仅有庞世明（2012）和徐翠蓉（2017）两位学者做了部分数据的比较研究，而基于全国城镇和农村数据对 6 个消费理论建立模型的比较研究还比较欠缺。基于此，本书就分别对绝对收入、相对收入、生命周期、持久收入、预防性储蓄和流动性约束构建旅游消费函数，以检验我国旅游消费与收入之间的关系特征和发展演进。

4.1　绝对收入假说理论分析框架及模型构建

凯恩斯绝对收入假说理论认为消费主要决定于人们的现期可支配收入，即实际消费支出是现期可支配收入的函数，用公式表示为：

$$C_t = \beta_0 + \beta_1 Y_t + \mu_i \qquad t = 1,2,3,\cdots,T \qquad (4-1)$$

其中，C 表示居民消费支出；Y 表示居民收入；β_0 表示自发性消费；β_1 表示边际消费倾向；β_0 和 β_1 均表示待估参数，$\beta_0 > 0$，$0 < \beta_1 < 1$，μ 表示随机误差项。

基于此，构建我国城乡居民国内旅游消费函数模型：

$$C_{it} = \beta_0 + \beta_1 Y_{it} + \mu_{it} \qquad t = 1,2,3,\cdots,T \qquad (4-2)$$

其中，C 表示我国城乡居民国内旅游年平均花费；Y 表示城乡居民年均可支配收入；β_0 表示城乡居民自发性国内旅游消费；β_1 表示城乡居民国内旅游边际消费倾向；β_0 和 β_1 均表示待估参数，$\beta_1 > 0$，$0 < \mu < 1$，μ 表示随机误差项，i = 1、2，1 代表城镇居民，2 代表农村居民。

4.2　相对收入假说理论分析框架及模型构建

相对收入假说理论认为，居民的消费支出主要受其相对收入水平的影响，消费者的消费具有两种效应，一是示范效应，该效应可以用如下公式表示：

$$\frac{C_t}{Y_t} = \alpha_0 + \alpha_1 \left(\frac{\overline{Y}}{Y_t} \right)$$

$$\overline{Y} = \frac{\sum_{t=1}^{n} Y_t}{N} \qquad (4-3)$$

对上式进行变换可得：

$$C_t = \alpha_0 Y_t + \alpha_1 \overline{Y} + \varepsilon_t \qquad\qquad (4-4)$$

其中，α_0、α_1 为待估参数，且 $\alpha_0 > 0$、$\alpha_1 > 0$。

二是棘轮效应，该效应可以用如下公式表示：

$$\frac{C_t}{Y_t} = \alpha_0 + \alpha_1 \left(\frac{Y_0}{Y_t} \right) \qquad\qquad (4-5)$$

式（4-5）说明本期的平均消费倾向 $\dfrac{C_t}{Y_t}$ 与本期同前期的相对收入有关，

是本期收入与过去最高收入的比率，即 $\dfrac{Y_0}{Y_t}$ 的函数。

对上式进行变换可得：

$$C_t = \alpha_0 Y_t + \alpha_1 Y_0 + \varepsilon_t \qquad\qquad (4-6)$$

其中，α_0、α_1 为待估参数，且 $\alpha_0 > 0$、$\alpha_1 > 0$。

基于示范效应，城乡居民的旅游消费函数模型可设为：

$$C_{it} = \alpha_0 Y_{it} + \alpha_1 \overline{Y}_{0t} + \mu_{it} \qquad\qquad (4-7)$$

其中，C_{it} 表示城乡居民当期人均国内旅游消费支出；Y_{it} 表示城乡居民当期人均可支配收入（其中，城镇居民用人均可支配收入表示，农村居民用人均纯收入表示）；$\overline{Y}_{0t}$ 表示群体平均收入，在此用全国居民人均可支配收入表示；α_0 表示城乡居民个人边际旅游消费倾向；α_1 表示群体平均收入对城乡居民个人国内旅游消费的影响；μ_{it} 表示随机误差项，$i = 1$、2，其中，1 代表城镇居民，2 代表农村居民。

基于棘轮效应，在收入逐年升高的情况下，城乡居民的旅游消费模型可简化为：

$$C_{it} = \alpha_0 Y_{it} + \alpha_1 Y_{i,t-1} + \mu_{it} \qquad\qquad (4-8)$$

其中，C_{it} 表示当期人均旅游花费；Y_{it} 表示城乡居民当期人均可支配收入（其中，城镇居民用人均可支配收入表示，农村居民用人均纯收入表示）；$Y_{i,t-1}$ 表示前一期人均可支配收入；α_0 表示个人边际旅游消费倾向；α_1 表示前一期人均可支配收入对个人旅游消费的影响；μ_{it} 表示随机误差项，$i = 1、2$，其中，1 代表城镇居民，2 代表农村居民。

4.3 生命周期假设理论分析框架及模型构建

生命周期假说理论认为消费者当期消费不仅受其当期收入的影响，还受消费者以后各期收入的期望值、开始时的资产数量以及消费者年龄的影响。消费者一生消费支出流量的现值与一生收入流量的现值基本相等。由此，消费者的预算约束可以表示为：

$$\sum_{t=1}^{T} \frac{C_t}{(1+r)^{t-1}} = \sum_{t=1}^{T} \frac{Y_t}{(1+r)^{t-1}} \tag{4-9}$$

在预算约束下，消费者会将一生所有收入进行最优分配，使得效用函数 $U(C_1, C_2, \cdots, C_T)$ 达到最大。由此，产生拉格朗日函数的极大值问题：

$$L(C_1, C_2, \cdots, C_T, \lambda) = U(C_1, C_2, \cdots, C_T) + \lambda \left(\sum_{t=1}^{T} \frac{Y_t}{(1+r)^{t-1}} - \sum_{t=1}^{T} \frac{C_t}{(1+r)^{t-1}} \right) \tag{4-10}$$

式（4-10）的极值条件为：

$$\begin{cases} \dfrac{\partial L}{\partial C_t} = \dfrac{\partial U}{\partial C_t} - \dfrac{\lambda}{(1+r)^{t-1}} = 0 \\[3mm] \dfrac{\partial L}{\partial \lambda} = \sum_{t=1}^{T} \dfrac{Y_t}{(1+r)^{t-1}} - \sum_{t=1}^{T} \dfrac{C_t}{(1+r)^{t-1}} = 0 \end{cases} \tag{4-11}$$

$$t = 1, 2, \cdots, T$$

求解上述方程组，得到最优消费函数为：

$$C_t = c_t(Y_1, Y_2, \cdots, Y_T, r) \tag{4-12}$$

其中，r 表示贴现率，公式表明居民消费是其各个时期的收入和贴现率的函数。据此生命周期假设消费函数模型可以描述为：

$$C_t = \alpha A_t + \beta Y_t + \mu_t \qquad (4-13)$$

其中，A_t 表示消费者在第 t 期的资产存量；Y_t 表示消费者 t 期的收入；α 表示已经积累的财富对当前消费的影响，也可称作为财富的边际消费倾向；β 表示边际消费倾向。

由于一般家庭的资产存量指标很难统计，根据戴维森（Davidson）提出的本期资产存量等于上期存量加上本期收入与消费之差，用公式表示为：

$$A_t = A_{t-1} + Y_t - C_t \qquad (4-14)$$

其中，$C_{t-1} = \alpha A_{t-1} + \beta Y_{t-1}$，据此，可推导出下面的公式为：

$$A_{t-1} = \frac{1}{\alpha} C_{t-1} + \frac{\beta}{\alpha} Y_{t-1} \qquad (4-15)$$

将式（4-15）代入式（4-14）得：

$$A_t = Y_t - C_t + \frac{1}{\alpha} C_{t-1} + \frac{\beta}{\alpha} Y_{t-1} \qquad (4-16)$$

将式（4-16）代入式（4-13）得：

$$C_t = \frac{\alpha + \beta}{1 + \alpha} Y_t + \frac{1}{1 + \alpha} C_{t-1} + \frac{\beta}{1 + \alpha} Y_{t-1} \qquad (4-17)$$

将上式整理，并引入常数项、随机扰动项后可得到基于生命周期假说的城乡居民旅游消费函数模型为：

$$C_{it} = \beta_0 + \beta_1 Y_{it} + \beta_2 C_{i,t-1} + \beta_3 Y_{i,t-1} + \mu_{it} \quad (t=1,2,3,\cdots,n) \quad (4-18)$$

其中，C_{it} 表示当期人均旅游花费；Y_{it} 表示当期人均可支配收入，城镇居民用当期人均可支配收入表示，农村居民用当期人均纯收入表示；$C_{i,t-1}$ 表示上一期人均旅游花费；$Y_{i,t-1}$ 表示上一期人均可支配收入；β 表示待估参数，其中，β_0 表示自发性消费，β_1 表示个人边际旅游消费倾向，β_2 表示上一期旅游花费对当期旅游花费的影响，β_3 表示上一期人均可支配收入对当期旅游花费的影响；μ_{it} 表示随机误差项，i＝1、2，其中，1 代表城镇居民，2 代表农村居民。

4.4　持久收入假说理论分析框架及模型构建

弗里德曼在分析消费者的消费行为时发现，在消费中，有一部分是经常的、必须保证的基本消费，另一部分是非经常的额外消费。而收入也可以分成两部分，一部分是可以预料到的长久性、带有常规性的持久收入，另一部分是非持久的、带有偶然性的暂时收入，可以表示为：

$$Y_t = Y_t^p + Y_t^t \qquad (4-19)$$

$$C_t = C_t^p + C_t^t \qquad (4-20)$$

其中，Y_t，Y_t^p，Y_t^t 分别为实际收入、持久收入和瞬时收入；C_t，C_t^p，C_t^t 分别为实际消费、持久消费和瞬时消费；持久消费由持久收入决定，瞬时消费由瞬时收入决定。据此，构建基于持久收入假说理论的消费函数模型为：

$$C_t = \alpha_0 + \alpha_1 Y_t^p + \alpha_2 Y_t^t + \varepsilon_t \qquad (4-21)$$

其中，α 为估计式（4-21）的参数。弗里德曼提出，在时间序列数据中，可以用各期实际收入的加权和来表示 t 时刻的持久收入，即：

$$Y_t^p = \lambda Y_t + \lambda(1-\lambda)Y_{t-1} + \lambda(1-\lambda)^2 Y_{t-2} + \cdots \qquad 0 < \lambda < 1$$

即
$$Y_t^p - Y_{t-1}^p = \lambda(Y_t - Y_{t-1}^p) \qquad (4-22)$$

由于现行统计资料中缺少持久收入和暂时收入数据，因此对城镇居民的持久收入和暂时收入作如下估计，即：

$$Y_t^p = \frac{(Y_t + Y_{t-1} + Y_{t-2})}{3} \qquad (4-23)$$

$$Y_t^t = Y_t - Y_t^p \qquad (4-24)$$

其中，Y_t 表示现期收入；Y_{t-1} 表示前一期收入；Y_{t-2} 表示前两期收入，用三项移动平均即可得持久收入的近似值。

因此，由式（4-21）-（4-24）可建立基于持久收入假说的城乡居民旅游消费模型为：

$$C_{it} = \beta_0 + \beta_1 Y_{it}^p + \beta_2 Y_{it}^T + \mu_{it} \tag{4-25}$$

其中，C_{it} 表示城乡居民国内旅游平均消费支出；Y_{it}^p 表示城乡居民持久收入；Y_{it}^T 表示城乡居民暂时性收入；β_0 表示城乡居民自发性旅游消费支出；β_1 表示城乡居民持久收入引致的边际旅游消费倾向；β_2 表示城乡居民暂时收入引致的边际旅游消费倾向；μ_{it} 表示随机误差项，$i=1$、2，其中，1 代表城镇居民，2 代表农村居民。

4.5 流动性约束和预防性储蓄理论分析框架及模型构建

4.5.1 基础模型

我们在分析不确定性状况下的预防性储蓄模型之前先设定一个基础模型。假设消费者考虑其一生的消费，则最大化的效用函数为：

$$\max U_t = E_t \left[\sum_0^\infty \beta_s u(C_{t+s}) \right] \qquad U' > 0, U'' < 0, \tag{4-26}$$

其中，U_t 表示效用函数，效用函数表示消费者通过消费使自己满足的程度；E_t 表示在一切可能的条件下的期望函数，它是一切可能的取值与对应的概率之积的和，反映随机变量平均取值的大小；β_s 表示消费者的贴现，$\beta_s = \dfrac{1}{(1+\rho)^s}$，$\rho$ 表示主观贴现率，是指将未来的价值折算为现值所使用的利率，$\beta_s \in (0,1)$；C_{t+s} 表示 s 期、t 期的消费水平，t 表示当期消费期，是研究消费期，s 表示生命的预期消费期，是消费者的生命存活期，假设 $S \in \infty$；$U' > 0$ 表示 U' 是凸函数，该函数在该范围单调递增，$U'' < 0$ 在时间上效用相互独立。则消费者的预算约束为：

$$C_t + (A_{t+1} - A_t) = y_t + rA_t \tag{4-27}$$

其中，C_t 表示消费者在 t 时期的消费水平；A_{t+1} 和 A_t 分别表示消费者 $t+1$ 时期和 t 时期所拥有的资产总值；y_t 表示消费者在 t 期的劳动收入；r 表示利率。

为求解各期的消费水平和资产拥有量，我们引入另一个边界条件。为了防止消费者采取以无限制的借债来支付无限制的消费，假设消费者必须服从如下所示的非蓬齐博弈条件：

$$\lim_{t \to \infty} \frac{A_t}{(1 + r)^t} \geq 0 \qquad (4-28)$$

它表明消费者在将来的无限期的资产价值不能消费至小于 0，这即就意味着消费者的债务增长速度只能渐进地小于或等于利率。由该条件可以将行为人的预算约束改为跨期预算约束，即：

$$\sum_{s=0}^{\infty} \frac{E_t C_{t+s}}{(1 + r)_s} = \sum_{s=0}^{\infty} \frac{E_t y_{t+s}}{(1 + r)^s} + (1 + r) A_t \qquad (4-29)$$

求解上述公式可得一阶导数，即欧拉方程为：

$$U'(C_t) = \beta(1 + r) E_t U'(C_{1+r}) \qquad (4-30)$$

假设主观贴现率 ρ 等于利率，$\beta = \dfrac{1}{(1 + \rho)} = \dfrac{1}{(1 + r)}$，则可将上式简化为：

$$U'(c_t) = E_t U'(C_{t+1}) \qquad (4-31)$$

4.5.2　基于流动性约束和预防性储蓄的旅游消费函数构建

预防性储蓄是指消费者由于未来将面临不确定性的风险和开支而进行的额外储蓄。预防性储蓄理论认为，消费者消费决策的作出不仅受自身当期收入多少的影响，还受未来收支不确定性的影响。由于未来不确定性的存在，消费者的最优消费储蓄决策与确定性情形下的消费储蓄决策存在较大差异。预防性储蓄就是厌恶风险的消费者为了防范未来收支不确定而额外增加的储蓄。流动性约束又称信贷约束，主要是指消费者在低收入时期不能从金融机构、非金融机构、个人或其他机构获得贷款以维持正常消费水平的状况。存在流动性的情况下，消费者一般有着更加强烈的预防性储蓄动机。

预防性储蓄理论和流动性约束理论的典型代表是海恩·利兰德（Hayne Leland），他发现如果 $U''' > 0$，这就意味着在不确定的情况下，行为人会采取更为谨慎的消费行为。$U''' > 0$ 等价于效用函数的一阶导数为凸函数，未来消费的边际效用要大于确定情况下消费的边际效用。未来的风险越大，预期未来消费的边际效用就越大，消费者就会加大储蓄，把更多的财富转移到未来进行消费，这就是预防性储蓄假说。

预防性储蓄包含流动性约束的存在，否则预防性储蓄的动机会降低。所以我们构建包含流动性约束和预防性储蓄理论的模型来研究消费函数。

当存在流动性约束时，消费者不能随意地借债消费。为了预防未来收入的减少或支出增加的不确定性，假设：

$$E_t(A_{t+1} - Z) \geqslant 0 \qquad (4-32)$$

其中，Z 表示信贷限额。

此时，构建拉格朗日函数为：

$$L_t = u(C_t) + \frac{1}{1+\rho}E_t U_{t+1} + \lambda_t(A_{t+1} - Z) \qquad (4-33)$$

其中，λ_i 表示流动性约束等式的拉格朗日乘数。

在满足最优消费决策的情况下，将拉格朗日函数 L_t 对 C_t 求偏导数并令其等于零，可得欧拉方程：

$$u'(C_t) = \frac{1+r}{1+\rho}E_t u'(C_{t+1}) + \lambda_t \qquad (4-34)$$

其中，$\lambda_t = \dfrac{dU_i}{-d(A_{t+1} - Z)}$。由式（4-34）可知，$\lambda_i$ 表示流动性约束放松 1 单位所带来的一生效用的增量或增加当前消费产生的额外效用。表示存在流动性约束情况下，当期消费的边际效用往往不小于下一期等价消费的边际效用预期，则可认为 $\lambda_t \geqslant 0$。特别是当 $\lambda_i > 0$ 时，流动性约束使得消费者不被允许借更多的钱用于消费，只能通过增加储蓄以预防未来支出或收入的不确定性。

根据泰勒公式可得 $E_t u'(C_{t+1})$ 围绕 C_t 二阶泰勒近似展开式为：

$$E_t u'(C_{t+1}) \approx E_t u'(C_t) + E_t u''(C_t)(C_{t+1} - C_t) + E_t \frac{u'''(C_t)}{2}(C_{t+1} - C_t)^2$$

$$(4-35)$$

将式（4-34）的欧拉方程带入二阶泰勒近似展开式（4-35）可得：

$$\frac{1+\rho}{1+r}u'(C_t) - \frac{1+\rho}{1+r}\lambda_i = u'(C_t) + u''(C^t)E_t(C_{t+1} - C_t)$$

$$+ \frac{u'''(C_t)}{2}E_t(C_{t+1} - C_t)_2 \qquad (4-36)$$

整理后为：

$$E_t(C_{t+1} - C_t) = -\frac{r-\rho}{1+r}\frac{u'(C_t)}{u''(C_t)} - \frac{u'''(C_t)}{2u''(C_t)}E_t(C_{t+1} - C_t)^2 - \frac{1+\rho}{1+r}\frac{\lambda_t}{u''(C_t)}$$

$$(4-37)$$

在等式两边同除以 C_t，进一步可得：

$$E_t\left(\frac{C_{t+1} - C_t}{C_t}\right) = \zeta\left(\frac{r-\rho}{1+r}\right) + \frac{\rho}{2}E_t\left(\frac{C_{t+1} - C_t}{C_t}\right)^2 + \overline{\lambda}_t \qquad (4-38)$$

其中，$\zeta = -u''(C_t)\dfrac{C_t}{u'(C_t)}$ 表示相对风险厌恶系数；$\rho = -u'''(C_t)\dfrac{C_t}{u''(C_t)}$ 表示相对谨慎性系数，衡量预防性储蓄动机的大小；$\overline{\lambda}_t$ 表示调整后的流动性约束，由于 $u'' < 0$，则可知 $\overline{\lambda}_t > 0$。

泽尔德斯（Zeldes，1989）认为调整后的流动性约束 $\overline{\lambda}_t$ 为可支配收入 Y_t 的负函数。李和泽田（Lee and Sawada，2007）均建议 $\overline{\lambda}_t = \beta Y_t$。在我国，消费者的收入增长趋势会对借贷约束产生重大影响，那么我们可以假定流动性约束 $\overline{\lambda}_t$ 是收入增长率的函数，即：

$$\overline{\lambda}_t = \beta E_t\left(\frac{\Delta Y_{t+1}}{Y_t}\right) \qquad (4-39)$$

其中，$\beta > 0$。事实上，流动性约束对消费的影响也反映了收入预期增长率对消费的影响。预期有一个较大的收入增长率,则消费者在预期资产不变的情况下可增加消费,或预期资产增加情况下能获得更多信贷而增加消费。

在构建旅游消费的函数时,我们参照朱波(2015)等的办法,考虑消费 C_t 包括旅游消费 C_t^N 和非旅游消费 C_t^{NT} 两部分,则式(4-39)可以修改为:

$$E_t\left(\frac{C_{t+1}-C_t}{C_t}\right) \approx \frac{1}{\zeta}\left(\frac{r-\rho}{1+r}\right) + \frac{\rho}{2}\left(\frac{C_{t+1}^{NT}}{C_t}\right)^2 E_t\left(\frac{\Delta C_{t+1}^{NT}}{C_{t+1}^{NT}}\right)^2$$

$$+ \frac{\rho}{2}\left(\frac{C_{t+1}^T}{C_t}\right)^2 E_t\left(\frac{\Delta C_{t+1}^T}{C_{t+1}^T}\right)^2 + \overline{\lambda_i} \tag{4-40}$$

其中, $\rho\left(\frac{C_{t+1}^T}{C_t}\right)^2$ 表示旅游消费不确定产生的预防性储蓄动机; $\rho\left(\frac{C_{t+1}^{NT}}{C_t}\right)^2$ 表示非旅游消费不确定产生的预防性储蓄动机。它们的大小主要取决于总的预防性储蓄动机及各消费成分占总消费支出的比例。

为了得到式(4-38),式(4-40)可估计的计量模型,本书参考梅里根(Merrigan)、诺曼丁(Normandin, 1996)和朱波(2015)等的做法,用观察到的消费增长和预期误差代替期望的消费增长,并结合数据模型特点构建预防性储蓄动机和流动性约束测度模型为:

$$\Delta \ln C_{i,t+1} = \beta_{it} + \beta_1(\Delta \ln C_{i,t+1})^2 + \beta_2 \Delta \ln Y_{i,t+1} + \eta_{it} \tag{4-41}$$

$$\Delta \ln C_{i,t+1} = \gamma_{it} + \gamma_1(\Delta \ln C_{i,t+1}^{NT})^2 + \gamma_2(\Delta \ln C_{i,t+1}^T)^2$$

$$+ \gamma_3 \Delta \ln Y_{i,t+1} + \mu_{it} \tag{4-42}$$

其中, $\beta_1 = \frac{\rho}{2}$, $\gamma_1 = \frac{\rho\left(\frac{C_{t+1}^{NT}}{C_t}\right)^2}{2}$, $\gamma_2 = \frac{\rho\left(\frac{C_{t+1}^T}{C_t}\right)^2}{2}$, μ_i 和 η_i 均表示随机扰动项;Δ 表示对序列一次差分;ln 表示对序列取自然对数;i 表示地区下标;t 表示时间下标。

因此,模型中的 $\rho = 2\beta_1$ 表示居民总的预防性储蓄动机,$2\gamma_1$ 和 $2\gamma_2$ 分别表示非旅游波动和旅游波动产生的预防性储蓄动机;信息损失部分 $2(\beta_1 - \gamma_1 - \gamma_2)$ 反映了非旅游支出和旅游支出交互作用及其他因素对居民储蓄的影响。

4.6　基于收入假说的国内旅游消费需求函数的比较与总结

综上所述，根据西方消费理论的发展演进，本书构建了我国城乡居民国内旅游消费绝对收入假说模型、相对收入假说模型、生命周期假设理论、持久收入假说理论模型及预防性储蓄和流动性约束模型。

绝对收入假说模型是分析我国城乡居民国内旅游消费和居民绝对收入之间关系的模型。模型仅涉及旅游消费、居民当期收入水平。在构建时考虑了居民自发性旅游消费和国内旅游边际消费倾向，模型比较简单，自变量数量较少，是经典的旅游消费函数。

相对收入假说模型是分析城乡居民国内旅游消费和相对收入之间关系的模型，相对收入的影响包括示范效应和棘轮效应两个方面，基于此，旅游消费函数的相对收入模型构建就有示范效应和棘轮效应两个模型。示范效应模型构建时考虑了城乡居民当期人均可支配收入、当期人均国内旅游消费支出、个人国内旅游边际消费倾向以及群体平均收入等影响因素构建模型。棘轮效应模型构建时考虑了当期人均旅游消费、当期人均可支配收入、前一期人均可支配收入、个人边际旅游消费倾向和前一期人均可支配收入对个人旅游消费的影响等因素。

生命周期假设理论认为消费者现期消费不仅与现期收入有关，而且与消费者以后各期收入预期、原始积累财富和工作年限等有关。消费者一生中消费支出要与一生中收入相匹配，消费者总希望将自己一生的全部收入在消费支出中进行最优分配，使得效用函数最大。基于此，考虑了当期人均旅游消费、当期人均可支配收入、上一期人均旅游消费、上一期人均可支配收入、个人边际旅游消费倾向、上一期旅游花费对当期旅游花费的影响和上一期人均可支配收入对当期旅游花费的影响建立旅游消费函数的生命周期假设模型。

持久收入假说理论认为在居民消费中有一部分是经常而且必须保证

的消费，称为基本消费，另一部分是非经常也非必需的额外消费；收入中既包括持久收入，也包括瞬时收入。考虑了以上因素，引入了居民国内旅游平均消费支出、居民自发性消费、居民持久性收入、居民暂时性收入、持久收入边际旅游消费倾向和暂时收入边际旅游消费倾向等因素构建模型。

预防性储蓄理论认为消费者由于未来将面临不确定性的风险和开支而进行的额外预防性储蓄。消费者在作出消费决策时不仅要考虑收入的多少，还要考虑未来收入的不确定性，所以收入部分在支出时还要留出预防性储蓄部分。流动性约束又称信贷约束，是指行为人在低收入时期不能通过提取金融资产或借贷的方式融资以保持正常的消费水平时，人面临着流动性约束。存在流动性约束的情况下，消费者一般有着更强烈的预防性储蓄，即预防性储蓄受流动性约束的影响，否则预防性储蓄的动机会降低，所以我们构建包含流动性约束和预防性储蓄两方面的理论模型来研究消费函数。模型构建考虑了众多因素，包括居民消费水平、旅游消费、非旅游消费、劳动收入、预期和生命存活期消费水平、消费者的贴现、预防性储蓄动机、流动性约束、风险厌恶和非旅游支出及旅游支出交互作用及其他因素对居民储蓄的影响等诸多的因素。

依据各收入假说构建的我国居民国内旅游消费函数模型如表4-1所示，表4-1详细列明了各消费函数关系式及各变量含义。

表4-1　　　　基于各收入假说理论的国内旅游消费需求函数汇总

理论类型	参数	模型含义
绝对收入假说模型	模型	$C_{it} = \beta_0 + \beta_1 Y_{it} + \mu_{it}$　　$t = 1, 2, 3, \cdots, T$
	变量含义	C 表示城乡居民国内旅游年平均花费 Y 表示城乡居民年平均收入 β 为待估参数 β_0 为自发性旅游消费 β_1 为国内旅游边际消费倾向，$\beta_0 > 0$，$0 < \beta_1 < 1$ μ_{it} 为随机误差项，$i = 1, 2, \cdots, n$，1代表城镇居民，2代表农村居民

续表

理论类型	参数	模型含义
相对收入假说模型	模型一	示范效应：$\quad C_{it} = \alpha_0 Y_{it} + \alpha_1 \overline{Y}_{0t} + \mu_{it}$
	模型一变量含义	C_{it} 表示当期人均旅游花费 Y_{it} 表示当期人均可支配收入 $\overline{Y}_{0t}$ 表示群体平均收入 α_0 为个人边际旅游消费倾向 α_1 为群体平均收入对个人旅游消费的影响 μ_{it} 为随机误差项，$i = 1$、2，其中，1 代表城镇居民，2 代表农村居民
	模型二	棘轮效应：$\quad C_{it} = \alpha_0 Y_{it} + \alpha_1 Y_{i,t-1} + \mu_{it}$
	模型二变量含义	C_{it} 表示当期人均旅游花费 Y_{it} 表示当期人均可支配收入，城镇居民用当期人均可支配收入表示，农村居民用当期人均纯收入表示 $Y_{i,t-1}$ 表示前一期人均可支配收入 α_0 为个人边际旅游消费倾向 α_1 为前一期人均可支配收入对个人旅游消费的影响 μ_{it} 为随机误差项，$i = 1$、2，其中，1 代表城镇居民，2 代表农村居民
生命周期假设理论	模型	$C_{it} = \beta_0 + \beta_1 Y_{it} + \beta_2 C_{i,t-1} + \beta_3 Y_{i,t-1} + \mu_{it} \qquad (t = 1, 2, 3, \cdots, n)$
	变量含义	C_{it} 表示当期人均旅游花费 Y_{it} 表示当期人均可支配收入，城镇居民用当期人均可支配收入表示，农村居民用当期人均纯收入表示 $C_{i,t-1}$ 表示上一期人均旅游花费 $Y_{i,t-1}$ 表示上一期人均可支配收入 β 为待估参数 β_0 为自发性消费 β_1 个人边际旅游消费倾向 β_2 为上一期旅游花费对当期旅游花费的影响 β_3 为上一期人均可支配收入对当期旅游花费的影响 μ_{it} 为随机误差项，$i = 1$、2，其中，1 代表城镇居民，2 代表农村居民
持久收入假说理论模型	模型	$C_{it} = \beta_0 + \beta_1 Y_{it}^P + \beta_2 Y_{it}^T + \mu_{it}$
	变量含义	C_{it} 表示城乡居民国内旅游平均消费支出 Y_{it}^P 表示城乡居民持久收入 Y_{it}^T 表示城乡居民暂时收入 β 为待估参数 β_0 为自发性消费 β_1 为持久收入边际旅游消费倾向 β_2 为暂时收入边际旅游消费倾向 μ_{it} 为随机误差项，$i = 1$、2，其中，1 代表城镇居民，2 代表农村居民

理论类型	参数	模型含义
预防性储蓄和流动性约束模型	模型	$\Delta \ln C_{i,t+1} = \beta_{it} + \beta_1 (\Delta \ln C_{i,t+1})^2 + \beta_2 \Delta \ln Y_{i,t+1} + \eta_{it}$ $\Delta \ln C_{i,t+1} = \gamma_{it} + \gamma_1 (\Delta \ln C_{i,t+1}^{NT})^2 + \gamma_2 (\Delta \ln C_{i,t+1}^{T})^2 + \gamma_3 \Delta \ln Y_{i,t+1} + \mu_{it}$ $\beta_1 = \dfrac{\rho}{2}$, $\gamma_1 = \dfrac{\rho \left(\dfrac{C_{t+1}^{NT}}{C_t} \right)^2}{2}$, $\gamma_2 = \dfrac{\rho \left(\dfrac{C_{t+1}^{T}}{C_t} \right)^2}{2}$
	变量含义	C_t 表示消费水平 C_t^{T} 表示旅游消费 C_t^{NT} 表示非旅游消费 y_t 表示消费者在 t 期的劳动收入 C_{t+s} 表示 s 期和 t 期的消费水平，t 表示当期消费期，是研究消费期，s 表示生命的预期消费期，是消费者的生命存活期 β_s 表示消费者的贴现，$\beta_s = \dfrac{1}{(1+\rho)^s}$ ρ 为主观贴现率，是指将未来的价值折算为现值所使用的利率 $\rho = 2\beta_1$ 表示居民总的预防性储蓄动机 μ_i 和 η_i 均为随即扰动项 Δ 表示对序列一次差分 ln 表示对序列取自然对数 i 为地区下标 t 为时间下标 $2\gamma_1$ 表示非旅游波动 $2\gamma_2$ 表示旅游波动产生的预防性储蓄动机 $2(\beta_1 - \gamma_1 - \gamma_2)$ 反映了非旅游支出和旅游支出交互作用及其他因素对居民储蓄的影响 $\zeta = -u''(C_t) \dfrac{C_t}{u'(C_t)}$ 表示相对风险厌恶系数 $\rho = -u'''(C_t) \dfrac{C_t}{u''(C_t)}$ 表示相对谨慎性系数，衡量预防性储蓄动机的大小 λ_i 表示流动性约束等式的拉格朗日乘数，λ_i 表示流动性约束放松 1 单位所带来的一生效用的增量，或增加当前消费产生的额外效用 λ_t 表示调整后的流动性约束

| 第 5 章 |

基于收入假说的国内旅游消费需求
函数实证检验

5.1 绝对收入假说旅游消费函数构建

5.1.1 指标选取及数据说明

对于绝对收入假说旅游消费函数选取 2 个指标，分别为国内旅游平均花费和人均可支配收入。数据选取 1994～2017 年的相关数据，这主要是因为国家旅游局从 1993 年起委托国家统计局对国内旅游的数据进行统计，1993年之前的数据与 1993 年之后的数据存在统计口径不一致的情况，因此，只采用 1993 年之后的数据。同时，由于我国国内旅游消费具有明显的城乡"二元结构"特征，因此，分别采集城镇居民和农村居民的国内旅游消费及人均可支配收入数据作为模型的变量（见表 5－1）。

表 5－1 　　　　　　　　城乡居民国内旅游消费名义支出与收入

年份	年平均旅游消费支出（元）		年平均收入（元）	
	城镇居民人均旅游消费	农村居民人均旅游消费	城镇居民人均可支配收入	农村居民人均可支配收入
1994	414.67	54.88	3496.20	1221.0
1995	464.02	61.47	4283.00	1577.7
1996	534.10	70.45	4838.90	1926.1

续表

年份	年平均旅游消费支出（元）		年平均收入（元）	
	城镇居民人均旅游消费	农村居民人均旅游消费	城镇居民人均可支配收入	农村居民人均可支配收入
1997	599.80	145.68	5160.30	2090.1
1998	607.00	197.00	5425.10	2162.0
1999	614.80	249.50	5854.02	2210.3
2000	678.60	226.60	6280.00	2253.4
2001	708.30	212.70	6859.60	2366.4
2002	739.70	209.10	7702.80	2475.6
2003	684.90	200.00	8472.20	2622.2
2004	731.80	210.20	9421.60	2936.4
2005	737.10	227.60	10493.00	3254.9
2006	766.40	221.90	11759.50	3587.0
2007	906.90	222.50	13785.80	4140.4
2008	849.36	275.28	15780.76	4760.6
2009	801.10	295.30	17174.65	5153.2
2010	883.00	306.00	19109.44	5919.0
2011	877.80	471.40	21809.78	6977.3
2012	914.50	491.00	24564.72	7916.6
2013	946.60	518.90	26955.10	8895.9
2014	975.40	540.20	29381.00	9892.0
2015	985.50	554.20	31194.80	10772.0
2016	1009.10	576.40	33616.25	12363.4
2017	1024.60	603.30	36396.20	13432.4

资料来源：国家统计局网站及各年的统计年鉴。

　　为了保证数据的可比性，以及扣除价值因素的影响，需要采用价格指数予以去除。上述数据均来源于 2017 年、2018 年《中国统计年鉴》和国家统计局发布的《年度统计公告》。

以 1994 年价格指数为基期，将 1994 年价格指数设为 100，对原始数据进行平减，以消除价格因素的影响，得到实际的城乡居民国内旅游消费与可支配收入数据（见表 5 - 2）。

表 5 - 2　　　　　　　城乡居民国内旅游消费实际支出与收入

年份	年平均旅游消费支出（元）				年平均收入（元）			
	城镇居民人均旅游消费	城镇居民消费价格指数（CPI$_{1994}$=100）	农村居民人均旅游消费	农村居民消费价格指数（CPI$_{1994}$=100）	城镇居民人均可支配收入	城镇居民收入价格指数（CPI$_{1994}$=100）	农村居民人均可支配收入	农村居民收入价格指数（CPI$_{1994}$=100）
1994	414.67	100.00	54.90	100.00	3496.20	100.00	1221.00	100.00
1995	432.84	107.20	57.58	106.80	4083.83	104.90	1498.32	105.30
1996	481.98	110.80	57.64	122.30	4441.01	109.00	1678.25	114.80
1997	529.45	113.30	115.55	126.10	4579.58	112.70	1741.19	120.00
1998	506.23	119.90	154.39	127.60	4551.89	119.20	1726.85	125.20
1999	478.96	128.40	186.03	134.10	4493.60	130.30	1700.55	130.00
2000	1089.70	62.30	250.46	90.50	4530.37	138.60	1698.21	132.70
2001	1096.01	64.60	224.67	94.70	4560.98	150.40	1711.49	138.30
2002	1076.62	68.70	207.26	100.90	4515.98	170.60	1708.39	144.90
2003	963.20	71.10	189.53	105.50	4557.14	185.90	1734.96	151.10
2004	971.22	75.30	191.64	109.70	4705.70	200.20	1819.27	161.40
2005	901.74	81.70	194.32	117.10	4781.80	219.40	1898.74	171.40
2006	879.84	87.10	176.53	125.70	4853.18	242.30	1948.33	184.10
2007	933.19	97.20	162.81	136.70	5070.98	271.90	2053.85	201.60
2008	820.63	103.50	188.30	146.20	5355.05	294.70	2186.58	217.70
2009	716.92	111.70	184.81	159.60	5309.30	323.50	2181.46	236.20
2010	732.57	120.50	178.37	171.50	5480.20	348.70	2259.39	262.00
2011	672.93	130.40	243.34	193.70	5769.69	378.00	2390.80	291.80
2012	653.92	139.80	232.79	210.90	5929.64	414.30	2450.45	323.10

续表

年份	年平均旅游消费支出（元）				年平均收入（元）			
	城镇居民人均旅游消费	城镇居民消费价格指数（CPI$_{1994}$=100）	农村居民人均旅游消费	农村居民消费价格指数（CPI$_{1994}$=100）	城镇居民人均可支配收入	城镇居民收入价格指数（CPI$_{1994}$=100）	农村居民人均可支配收入	农村居民收入价格指数（CPI$_{1994}$=100）
2013	642.85	147.30	226.61	229.00	6080.74	443.30	2519.30	353.10
2014	627.15	155.50	214.67	251.60	6205.99	473.40	2565.34	385.60
2015	601.13	163.90	201.05	275.60	6299.15	504.70	2598.69	414.50
2016	584.86	172.50	191.73	300.60	6426.08	523.10	2646.14	467.20
2017	568.46	180.20	186.78	323.00	6535.07	556.90	2680.59	501.10

资料来源：国家统计局网站、相关年份的中国统计年鉴、相关年份的全国国民经济和社会发展统计公报。

5.1.2 模型估计

为了避免非平稳序列建立模型而带来的虚假回归问题，首先进行时间序列的平稳性检验，即进行单位根检验。

（1）变量的单位根检验。根据 ADF 检验法（the augmented dickey-fuller test），运用 Eviews8.0 软件进行单位根检验，以此确定时间序列的平稳性，滞后期的选择根据施瓦茨（Schwarz criterion，SIC）准则确定，单位根检验的形式采用的是从一般到特殊的原则，即刚开始带趋势项和截距项，如果趋势项不显著则将其剔除，如果截距项也不显著则继续将其剔除。单位根的检验结果如表 5-3 所示。

表 5-3　　　　　城乡居民国内旅游消费与收入的单位根检验

变量	检验类型(c, t, l)	ADF 统计量	临界值(10%)	变量	检验类型(c, t, l)	ADF 统计量	临界值(10%)
C_{1t}	c, t, 0	-1.710466	-3.248592	C_{2t}	c, t, 3	-3.948395	-3.268973
	c, 0, 0	-1.839309	-2.638752				
	0, 0, 0	-0.273339	-1.608495				

续表

变量	检验类型 (c, t, l)	ADF 统计量	临界值 (10%)	变量	检验类型 (c, t, l)	ADF 统计量	临界值 (10%)
Y_{1t}	c, t, 0	−1.981812	−2.638752	Y_{2t}	c, t, 3	4.937778	−3.268973
	c, 0, 0	−0.996216	−2.642242				
	0, 0, 0	3.958506	−1.608495				
$\triangle C_{1t}$	c, t, 0	−4.795048	−3.254671	$\ln C_{2t}$	c, t, 3	−4.542572	−3.268973
$\triangle Y_{1t}$	c, t, 2	−4.093039	−3.268973	$\ln Y_{2t}$	c, t, 3	−4.261501	−3.268973
$\ln C_{1t}$	c, t, 0	−1.698243	−3.248592				
	c, 0, 0	−1.985163	−2.638752				
	0, 0, 0	0.265881	−1.608495				
$\triangle \ln C_{1t}$	c, t, 0	−4.587134	−2.642242				
$\ln Y_{1t}$	c, t, 0	−3.343909	−3.277364				

注：c、t 表示带有常数项和趋势项，L 表示采用的滞后阶数，△表示一阶差分。

结果显示，C_{1t} 序列的 ADF 值在带趋势项和截距项以及带截距项和不带截距项的情况下其值分别为 −1.710466、−1.839309 和 −0.273339，大于 10% 显著水平下的临界值 −3.248592、−2.638752 和 −1.608495，因此，不拒绝 C_{1t} 存在单位根的原假设，C_{1t} 序列是非平稳时间序列。同理可得，Y_{1t} 是非平稳序列，C_{2t} 和 Y_{2t} 是平稳时间序列。

对 C_{1t} 和 Y_{1t} 的一阶差分序列进行检验显示，在 10% 的显著性水平下，序列 $\triangle Y_{1t}$ 和 $\triangle C_{1t}$ 的 ADF 值都小于临界值，因此，不存在单位根，故判定 Y_{1t} 和 C_{1t} 是一阶单整序列，即 I（1）。

对序列 C_{1t}、Y_{1t}、C_{2t} 和 Y_{2t} 分别取对数，以降低异方差并对序列进行平滑，得到序列 $\ln C_{1t}$、$\ln Y_{1t}$、$\ln C_{2t}$ 和 $\ln Y_{2t}$，并对序列 $\ln C_{1t}$、$\ln Y_{1t}$、$\ln C_{2t}$ 和 $\ln Y_{2t}$ 进行单位根检验。

$\ln C_{1t}$ 序列的 ADF 值在带趋势项和截距项以及带截距项和不带截距项的情况下，其值分别为 −1.698243、−1.985163 和 0.265881，大于 10% 显著水平下的临界值 −3.248592、−2.638752 和 −1.608495，因此，不拒绝 $\ln C_{1t}$ 存在单位根的原假设，$\ln C_{1t}$ 序列是非平稳时间序列。序列 $\ln Y_{1t}$、$\ln C_{2t}$

和 LnY_{2t} 的 ADF 值都小于 10% 显著水平下的临界值，因此，不存在单位根，故 LnY_{1t}、LnC_{2t} 和 LnY_{2t} 是平稳时间序列。

再对 LnC_{1t} 的一阶差分序列进行检验显示，在 10% 的显著性水平下，序列 LnC_{1t} 的 ADF 值小于临界值，因此，不存在单位根，故判定 LnC_{1t} 是一阶单整序列，即 I（1）。

（2）回归分析及模型检验。根据第 4 章构建的旅游消费模型，对城镇居民而言，由于 C_{1t}、Y_{1t} 是非平稳序列，但都是同阶单整的，并且都是一阶单整的，因此，可进行协整检验。利用 OLS 法进行协整回归，得到回归方程式为：

$$\hat{C}_{1t} = 0.137657Y_{1t} \qquad\qquad (5-1)$$
$$(0.010116)$$
$$t = (13.60783)$$
$$R^2 = -0.385346 \qquad \overline{R}^2 = -0.385346 \qquad DW = 0.294367$$

对式（5-1）的残差进行 ADF 检验，结果见表 5-4。

表 5-4 城镇居民国内旅游消费残差序列的单位根检验

变量	检验类型（c，t，1）	ADF 统计量	临界值（10%）
e	c，t，0	-1.444893	-3.622033
	c，0，0	-0.964017	-2.998064
	0，0，0	-1.032796	-1.956406

注：c，t 表示带有常数项和趋势项，1 表示采用的滞后阶数。

结果显示，ADF 值大于 10% 的临界值，因此，存在单位根，e_t 序列是非平稳序列。据此判断，序列 C_{1t} 和 Y_{1t} 之间没有协整关系，因此，C_{1t} 和 Y_{1t} 之间没有长期的比例关系。

对农村居民而言，对旅游消费模型（4-2）两边进行对数变换得到的农村居民旅游消费模型为：

$$LNC_{2t} = \beta_0 + LN\beta_1 Y_{2t} + \mu_{2t} \qquad t = 1,2,3,\cdots,T \qquad (5-2)$$

由于 LnC_{2t} 和 LnY_{2t} 是平稳序列，所以对式（5-2）可直接进行回归分析，利用 OLS 法得到不带常数项（因常数项为负值，且不显著没有通过 t 检验）的农村居民国内旅游消费回归方程式为：

$$\hat{LNC}_{2t} = 0.673211 LNY_{2t} \qquad (5-3)$$

$$(0.010015)$$

$$t = (67.21729)$$

$$R^2 = 0.292826 \qquad \overline{R}^2 = 0.292826 \qquad DW = 0.264164$$

从对农村居民国内旅游消费的回归结果看，$0 < \beta_1 < 1$ 符合经济实际。在 $\alpha = 0.05$ 的显著水平下，回归系数通过显著检验，说明平均纯收入对旅游消费影响显著。可决系数 $R^2 = 0.292826$ 表明旅游消费的 30% 的变化可由平均可支配收入来表示，因此模型在整体上拟和较差。

对模型（5-3）进行 White 检验，$\chi^2_{0.05}(1) = 3.84146 < nR^2 = 9.067580$，表明模型存在异方差，检验结果如表 5-5 所示。

表 5-5　　　　农村居民国内旅游消费的 White 异方差检验

Heteroskedasticity Test：White			
F-statistic	13.35930	Prob. F (1, 22)	0.0014
Obs × R-squared	9.067580	Prob. Chi-Square (1)	0.0026
Scaled explained SS	14.08854	Prob. Chi-Square (1)	0.0002

对存在的异方差运用 White 的异方差稳健标准误法进行修正，修正后的回归模型为：

$$\hat{LNC}_{2t} = 0.673211 LNY_{2t} \qquad (5-4)$$

$$(0.009710)$$

$$t = (69.33256)$$

$$R^2 = 0.292826 \qquad \overline{R}^2 = 0.292826 \qquad DW = 0.264164$$

与式（5-3）相比，修正后的参数标准差要比 OLS 估计的结果有所降低，这表明原模型 OLS 的参数方差的估计结果被高估了，表明参数标准差得到了修正。

进行序列相关检验，通过偏相关系数可判定存在一阶序列相关。结果如图 5-1 所示。

Autocorrelation	Partial Correlation		AC	PAC	Q-Stat	Prob
		1	0.773	0.773	16.199	0.000
		2	0.448	-0.369	21.900	0.000
		3	0.078	-0.320	22.078	0.000
		4	-0.168	0.063	22.964	0.000
		5	-0.282	0.009	25.585	0.000
		6	-0.306	-0.132	28.826	0.000
		7	-0.227	0.086	30.720	0.000
		8	-0.164	-0.134	31.768	0.000
		9	-0.108	-0.074	32.253	0.000
		10	-0.049	0.117	32.358	0.000
		11	0.024	0.054	32.386	0.001
		12	0.041	-0.216	32.473	0.001

图 5 - 1　农村居民国内旅游消费的相关系数检验

进一步进行 B - G 检验，$\chi^2(1) = 3.84146 < nR^2 = 14.32665$ 可判定存在一阶序列相关。检验结果如表 5 - 6 所示。

表 5 - 6　　　　　　　农村居民国内旅游消费的 B - G 检验

Breusch-Godfrey Serial Correlation LM Test:			
F-statistic	32. 58822	Prob. F（1，22）	0. 0000
Obs × R-squared	14. 32665	Prob. Chi-Square（1）	0. 0002

运用广义差分法消除序列相关，结果如下：

$$L\hat{N}C_{2t} = 0.6891571LNY_{2t} + AR(1) \qquad (5-5)$$
$$(0.015211) \qquad AR(1) = 0.772069$$
$$t = (45.30553) \qquad (4.313932)$$
$$R^2 = 0.796131 \qquad \overline{R}^2 = 0.786423 \qquad DW = 1.453999$$

修正之后，进行 B - G 检验，检验结果如表 5 - 7 所示。

表 5 - 7　　　　　　　农村居民国内旅游消费的 B - G 检验

Breusch-Godfrey Serial Correlation LM Test:			
F-statistic	1. 098948	Prob. F（1，20）	0. 3070
Obs × R-squared	1. 194603	Prob. Chi-Square（1）	0. 2744

在 0.05 显著水平下，$\chi^2_{0.05}(1) = 3.84146 > nR^2 = 1.194603$ 可判定

模型（5-5）已无自相关。回归系数通过显著检验，R^2 值明显提高，值为 0.796131，旅游消费的 79.6% 变化可由平均可支配收入来表示，模型在整体上拟和较好。

5.1.3　结论

（1）对于城镇居民，一方面，由于模型的修正可决系数低且为负，说明城镇居民旅游消费与可支配收入之间是非线性关系。镇居民旅游消费与可支配收入之间的回归系数为正，说明可支配收入对旅游消费有正向的促进作用。但对城镇居民而言，如果只考虑可支配收入这一变量还不能对城镇居民的国内旅游消费行为作出很好的解释，还需要引入其他重要解释变量，比如闲暇。另一方面，由于模型没有通过协整检验，说明我国城镇居民人均可支配收入与其国内旅游消费支出之间可能不存在长期稳定的均衡关系。

（2）对于农村居民，最终确定的国内旅游消费为模型（5-5）表明年平均可支配收入每平均增加 1%，旅游花费将平均增加 0.69%。说明增加农村居民的当前可支配收入可促进旅游消费。

（3）城乡居民的当前绝对收入对其旅游消费具有正向影响，即随着当前绝对收入的增加，城乡居民的旅游花费随之增加，因此，增加城乡居民当前的绝对收入，可增加城乡居民的旅游消费。

5.2　相对收入假说旅游消费函数构建

5.2.1　指标选取及数据说明

研究选取 3 个指标构建相对收入假说国内旅游消费函数，指标分别为城乡居民人均国内旅游消费支出、城乡居民人均可支配收入、全国居民人均可支配收入（其中，全国居民人均可支配收入 1994～1999 年没有统计数据，所以 1994～1999 年的数据用公式（城镇居民人均可支配收入＋农村居民人均纯收入)/2 进行估算。同时，由于我国国内旅游消费具有明显的城乡"二元结构"特征，因此，分别采集城镇居民和农村居民的国内旅游消费和人均可支配收入数据作为模型的因变量。

为了保证数据的可比性以及消除收入在物价因素的影响下带来的长期增长趋势，需剔除价格因素的影响，分别用价格指数对上述指标数值进行平减（以 1994 年价格指数为基期，即 1994 年价格指数设为 100，以消除价格因素的影响），原始数据及价格指数来源于 2017 年、2018 年《中国统计年鉴》和《年度统计公告》，具体结果见表 5 – 8、表 5 – 9 和表 5 – 10。

表 5 – 8　　　　　1994 ~ 2017 年城乡居民国内旅游消费名义支出与年均收入

年份	年平均旅游消费支出（元）		年平均收入（元）	
	城镇居民人均旅游消费	农村居民人均旅游消费	城镇居民人均可支配收入	农村居民人均可支配收入
1994	414.67	54.88	3496.20	1221.0
1995	464.02	61.47	4283.00	1577.7
1996	534.10	70.45	4838.90	1926.1
1997	599.80	145.68	5160.30	2090.1
1998	607.00	197.00	5425.10	2162.0
1999	614.80	249.50	5854.02	2210.3
2000	678.60	226.60	6280.00	2253.4
2001	708.30	212.70	6859.60	2366.4
2002	739.70	209.10	7702.80	2475.6
2003	684.90	200.00	8472.20	2622.2
2004	731.80	210.20	9421.60	2936.4
2005	737.10	227.60	10493.00	3254.9
2006	766.40	221.90	11759.50	3587.0
2007	906.90	222.50	13785.80	4140.4
2008	849.36	275.28	15780.76	4760.6
2009	801.10	295.30	17174.65	5153.2
2010	883.00	306.00	19109.44	5919.0
2011	877.80	471.40	21809.78	6977.3
2012	914.50	491.00	24564.72	7916.6
2013	946.60	518.90	26955.10	8895.9

续表

年份	年平均旅游消费支出（元）		年平均收入（元）	
	城镇居民人均旅游消费	农村居民人均旅游消费	城镇居民人均可支配收入	农村居民人均可支配收入
2014	975.40	540.20	29381.00	9892.0
2015	985.50	554.20	31194.80	10772.0
2016	1009.10	576.40	33616.25	12363.4
2017	1024.60	603.30	36396.20	13432.4

资料来源：相关年份的中国统计年鉴、相关年份的全国国民经济和社会发展统计公报。

表 5 – 9 1994 ~ 2017 年城乡居民国内旅游消费实际支出与收入

年份	年平均旅游消费支出（元）				年平均收入（元）			
	城镇居民人均旅游消费	城镇居民消费价格指数（CPI$_{1994}$ = 100）	农村居民人均旅游消费	农村居民消费价格指数（CPI$_{1994}$ = 100）	城镇居民人均可支配收入	城镇居民收入价格指数（CPI$_{1994}$ = 100）	农村居民人均可支配收入	农村居民收入价格指数（CPI$_{1994}$ = 100）
1994	414.67	100.00	54.90	100.00	3496.20	100.00	1221.00	100.00
1995	432.84	107.20	57.58	106.80	4083.83	104.90	1498.32	105.30
1996	481.98	110.80	57.64	122.30	4441.01	109.00	1678.25	114.80
1997	529.45	113.30	115.55	126.10	4579.58	112.70	1741.19	120.00
1998	506.23	119.90	154.39	127.60	4551.89	119.00	1726.85	125.20
1999	478.96	128.40	186.03	134.10	4493.60	130.30	1700.55	130.00
2000	1089.70	62.30	250.46	90.50	4530.37	138.60	1698.21	132.70
2001	1096.01	64.60	224.67	94.70	4560.98	150.40	1711.49	138.30
2002	1076.62	68.70	207.26	100.90	4515.98	170.60	1708.39	144.90
2003	963.20	71.10	189.53	105.50	4557.14	185.90	1734.96	151.10
2004	971.22	75.30	191.64	109.70	4705.70	200.20	1819.27	161.40
2005	901.74	81.70	194.32	117.10	4781.80	219.20	1898.74	171.40
2006	879.84	87.10	176.53	125.70	4853.18	242.30	1948.33	184.10
2007	933.19	97.20	162.81	136.70	5070.98	271.90	2053.85	201.60
2008	820.63	103.50	188.30	146.20	5355.05	294.70	2186.58	217.70
2009	716.92	111.70	184.81	159.80	5309.30	323.50	2181.46	236.20
2010	732.57	120.50	178.37	171.50	5480.20	348.70	2259.39	262.00
2011	672.93	130.40	243.34	193.70	5769.69	378.00	2390.80	291.80

续表

年份	年平均旅游消费支出（元）				年平均收入（元）			
	城镇居民人均旅游消费	城镇居民消费价格指数（CPI$_{1994}$=100）	农村居民人均旅游消费	农村居民消费价格指数（CPI$_{1994}$=100）	城镇居民人均可支配收入	城镇居民收入价格指数（CPI$_{1994}$=100）	农村居民人均可支配收入	农村居民收入价格指数（CPI$_{1994}$=100）
2012	653.92	139.80	232.79	210.90	5929.64	414.30	2450.45	323.10
2013	642.85	147.30	226.61	229.00	6080.74	443.30	2519.30	353.10
2014	627.15	155.50	214.67	251.60	6205.99	473.40	2565.34	385.60
2015	601.13	163.90	201.05	275.60	6299.15	504.70	2598.69	414.50
2016	584.86	172.50	191.73	300.60	6426.08	523.10	2646.14	467.20
2017	568.46	180.20	186.78	323.00	6535.07	556.90	2680.59	501.10

资料来源：根据原始数据计算得出。

表 5 – 10　　　　1994～2017 年间全国居民名义、实际人均可支配收入

年份	全国居民名义人均可支配收入（元）	全国居民消费价格指数（CPI$_{1994}$=100）	全国居民实际人均可支配收入（元）
1994	2358.60	100.00	2358.60
1995	2363.30	117.10	2018.19
1996	3382.50	126.82	2667.17
1997	3625.20	130.37	2780.70
1998	3793.55	129.33	2933.23
1999	4032.16	127.52	3161.98
2000	3721.30	128.03	2906.58
2001	4070.40	128.92	3157.31
2002	4531.60	127.89	3543.36
2003	5006.70	129.43	3868.27
2004	5660.90	134.47	4209.79
2005	6384.70	136.89	4664.11
2006	7228.80	138.95	5202.45
2007	8583.50	145.62	5894.45
2008	9956.50	154.21	6456.46
2009	10977.50	153.13	7168.75
2010	12519.50	158.18	7914.72

续表

年份	全国居民名义人均可支配收入（元）	全国居民消费价格指数（CPI₁₉₉₄ = 100）	全国居民实际人均可支配收入（元）
2011	14550. 70	166. 72	8727. 63
2012	16509. 50	171. 06	9651. 29
2013	18310. 80	175. 51	10432. 91
2014	20167. 10	179. 02	11265. 28
2015	21966. 20	181. 52	12101. 26
2016	23821. 10	185. 15	12865. 84
2017	25937. 80	188. 12	13787. 90

资料来源：根据原始数据计算得出。

5.2.2　模型估计

为了避免由非平稳序列建立模型而带来的虚假回归问题，首先要对各时间序列的平稳性进行检验，即对各时间序列进行单位根检验。

（1）变量的单位根检验。根据 ADF 检验法，运用软件 Eviews8.0 进行单位根检验，以此确定时间序列的平稳性，滞后期的选择根据施瓦茨（Schwarz criterion，SIC）准则确定，单位根的检验结果如表 5 – 11 所示。

表 5 – 11　　　　城乡居民国内旅游消费与收入的单位根检验

变量	检验类型(c, t, l)	ADF 统计量	临界值（10%）	变量	检验类型(c, t, l)	ADF 统计量	临界值（10%）
C_{1t}	c, t, 0	– 1. 710466	– 3. 248592	C_{2t}	c, t, 3	– 3. 948395	– 3. 268973
	c, 0, 0	– 1. 839309	– 2. 638752				
	0, 0, 0	– 0. 273339	– 1. 608495				
Y_{1t}	c, t, 0	– 1. 981812	– 2. 638752	Y_{2t}	c, t, 3	4. 937778	– 3. 268973
	c, 0, 0	– 0. 996216	– 2. 642242				
	0, 0, 0	3. 958506	– 1. 608495				
$\triangle C_{1t}$	c, t, 0	– 4. 795048	– 3. 254671	lnC_{2t}	c, t, 3	– 4. 542572	– 3. 268973
$\triangle Y_{1t}$	c, t, 2	– 4. 093039	– 3. 268973	lnY_{2t}	c, t, 3	– 4. 261501	– 3. 268973

变量	检验类型 （c，t，l）	ADF 统计量	临界值 （10%）	变量	检验类型 （c，t，l）	ADF 统计量	临界值 （10%）
$\ln C_{1t}$	c，t，0	-1.698243	-3.248592	$\overline{Y}$	c，t，2	-1.746361	-3.261452
	c，0，0	-1.985163	-2.638752		c，0，5	-0.680806	-2.660551
	0，0，0	0.265881	-1.608495		0，0，1	4.978451	-1.608175
$\triangle \ln C_{1t}$	c，t，0	-4.587134	-2.642242	$\triangle \overline{Y}$	c，t，0	-5.893440	-3.254671
$\ln Y_{1t}$	c，t，0	-3.343909	-3.277364	$Ln \overline{Y}$	c，t，5	-4.219163	-3.286909

注：c，t 表示带有常数项和趋势项，L 表示采用的滞后阶数，△表示一阶差分，$\triangle^2$ 表示二阶差分。

结果显示，C_{1t} 序列的 ADF 值在带趋势项和截距项以及带截距项和不带截距项的情况下，其值分别为 -710466、-1.839309 和 -0.273339，大于10% 显著水平下的临界值 -3.248592、-2.638752 和 -1.608495，因此，不拒绝 C_{1t} 存在单位根的原假设，C_{1t} 序列是非平稳时间序列。同理可得，Y_{1t} 是非平稳序列，C_{2t} 和 Y_{2t} 是平稳时间序列。

再对 C_{1t} 和 Y_{1t} 的一阶差分序列进行检验，在 10% 的显著性水平下，序列 $\triangle Y_{1t}$ 和 $\triangle C_{1t}$ 的 ADF 值都小于临界值，因此，不存在单位根，故判定 Y_{1t} 和 C_{1t} 是一阶单整序列，即 I（1）。

对序列 C_{1t}、Y_{1t}、C_{2t} 和 Y_{2t} 分别取对数，以降低异方差并对序列进行平滑，得到序列 LnC_{1t}、LnY_{1t}、LnC_{2t} 和 LnY_{2t}，并对序列 LnC_{1t}、LnY_{1t}、LnC_{2t} 和 LnY_{2t} 进行单位根检验。

LnC_{1t} 序列的 ADF 值在带趋势项和截距项以及带截距项和不带截距项的情况下，其值分别为 -1.698243、-1.985163 和 0.265881，大于 10% 显著水平下的临界值 -3.248592、-2.638752 和 -1.608495，因此不拒绝 LnC_{1t} 存在单位根的原假设，LnC_{1t} 序列是非平稳时间序列。序列 LnY_{1t}、LnC_{2t} 和 LnY_{2t} 的 ADF 值都小于 10% 显著水平下的临界值，因此不存在单位根，故 LnY_{1t}、LnC_{2t} 和 LnY_{2t} 是平稳时间序列。

对 LnC_{1t} 的一阶差分序列进行检验，序列 LnC_{1t} 的 ADF 值在 10% 的显著性水平下小于临界值，因此，不存在单位根，故判定 LnC_{1t} 是一阶单整序列，即 I(1)。

Y 均值序列的 ADF 值在带趋势项和截距项以及带截距项和不带截距项的情况下，其值都大于 10% 显著水平下的临界值，因此，$\overline{Y}$ 序列存在单位根，

$\overline{Y}$ 是非平稳时间序列。对序列 $\overline{Y}$ 的一阶差分进行单位根检验，序列 $\triangle\overline{Y}$ 的 ADF 值小于 10% 显著水平下的临界值，因此，$\triangle\overline{Y}$ 序列不存在单位根，是平稳时间序列，则 $\overline{Y}$ 是一阶单整的，即 I（1）。

对序列 $\overline{Y}$ 取对数，得到序列 $Ln\overline{Y}$，并对序列 $Ln\overline{Y}$ 进行单位根检验。序列 $Ln\overline{Y}$ 的 ADF 值都小于 10% 显著水平下的临界值，因此，不存在单位根，故 $Ln\overline{Y}$ 是平稳时间序列。

（2）回归分析及模型检验。

示范效应下，根据旅游消费模型（4 - 7），对城镇居民而言，由于 C_{1t}、和 Y_{1t} 是非平稳序列，但都是同阶单整的，并且都是一阶单整的，因此，可进行协整检验。进行协整回归，利用 OLS 法得到回归方程式为：

$$\hat{C}_{1t} = 0.210851Y_{1t} - 0.056391\overline{Y}_{0t} \qquad (5 - 6)$$
$$(0.022308) \qquad (0.015964)$$
$$t = (9.451826) \qquad (-3.532293)$$
$$R^2 = 0.116004 \qquad \overline{R}^2 = 0.075822 \qquad DW = 0.424033$$

由于 Y_{1t} 和 Y_{0t} 之间的相关系数为 0.971567，存在多重共线性，且主要考察所在群体的收入水平对旅游消费的影响，因此，剔除 Y_{1t} 得到：

$$\hat{C}_{1t} = 0.08377\overline{Y}_{0t} \qquad (5 - 7)$$
$$(0.013009)$$
$$t = (6.439236)$$
$$R^2 = -3.473703 \qquad \overline{R}^2 = -3.473703 \qquad DW = 0.115505$$

对式（5 - 7）的残差进行 ADF 检验，结果如表 5 - 12 所示。

表 5 - 12　　　　城镇居民国内旅游消费残差序列的单位根检验

变量	检验类型（c, t, l）	ADF 统计量	临界值（10%）
	c, t, 0	- 1.460510	- 3.248592
e	c, 0, 0	0.194928	- 2.638752
	0, 0, 0	- 0.392438	- 1.608495

注：c，t 表示带有常数项和趋势项，l 表示采用的滞后阶数。

结果显示，ADF 值大于 10% 的临界值，因此，不存在单位根，e_t 序列是非平稳序列。据此判断，序列 C_{1t} 和 $\overline{Y}$ 之间不具有协整关系，因此，C_{1t} 和 $\overline{Y}$ 之间不具有长期的比例关系。

对于城镇居民来说，由于其当前可支配收入和全国居民可支配收入存在多重共线性，且主要考察所在群体的收入水平对其旅游消费的影响，因此，将当前可支配收入剔除，建立模型（5－7）。参数显著，通过 t 检验，但修正的可决系数低且为负，说明城镇居民旅游消费与全国居民可支配收入之间存在非线性关系，且模型没有通过协整检验，表明城镇居民的国内旅游消费与所在群体的收入之间不存在长期的比例关系或均衡关系。

在示范效应下对模型（4－7）两边进行对数变换得到的农村居民旅游函数模型为：

$$LNC_{2t} = \alpha_0 + \alpha_1 LNY_{2t} + \alpha_2 Ln\overline{Y}_{0t} + \varepsilon_{2t} \qquad t = 1,2,3,\cdots,T \quad (5-8)$$

对式（5－8）进行回归分析，利用 OLS 法得到不带常数项（因常数项为负值且不显著，没有通过 t 检验）的农村居民国内旅游消费回归方程式为：

$$L\hat{NC}_{2t} = 0.353886LNY_{2t} + 0.2827681Ln\overline{Y}_{0t} \qquad (5-9)$$
$$(0.224369) \qquad (0.198493)$$
$$t = (1.577251) \qquad (1.424573)$$
$$R^2 = 0.352550 \qquad \overline{R}^2 = 0.323121 \qquad DW = 0.299685$$

由于回归系数不显著且没有通过 t 检验，LnY_{2t} 和 $Ln\overline{Y}$ 之间存在多重共线性，两者之间的相关系数为 0.964547，且主要考察所在群体收入水平对其旅游消费的影响，因此，剔除变量 Y_{2t}，得到回归方程式为：

$$L\hat{NC}_{2t} = 0.595543LNY_{0t} \qquad (5-10)$$
$$(0.008944)$$
$$t = (66.58206)$$
$$R^2 = 0.279338 \qquad \overline{R}^2 = 0.279338 \qquad DW = 0.295533$$

对式（5－10）进行 White 异方差检验，在 0.05 的置信水平下，临界值为：$\chi^2_{0.05}(1) = 3.84146 < nR^2 = 6.404344$，表明模型存在异方差，检验结果如表 5－13 所示。

表 5 – 13　　　　　　　农村居民国内旅游消费的 White 异方差检验

Heteroskedasticity Test：White			
F-statistic	8.007406	Prob. F （1，22）	0.0098
Obs × R-squared	6.404344	Prob. Chi-Square （1）	0.0114
Scaled explained SS	4.068681	Prob. Chi-Square （1）	0.0437

对存在的异方差运用 White 的异方差稳健标准误法进行修正，修正后的回归模型如下：

$$\hat{LNC}_{2t} = 0.595543 Ln \overline{Y}_{0t} \qquad (5-11)$$

$$(0.008561)$$

$$t = (69.56138)$$

$$R^2 = 0.279338 \qquad \overline{R}^2 = 0.279338 \qquad DW = 0.295533$$

与式（5 – 10）相比，修正后的参数标准差要比 OLS 估计的结果有所降低，这表明原模型 OLS 的参数方差的估计结果被高估了，表明参数标准差得到了修正。

对式（5 – 11）进行序列相关检验，通过偏相关系数可判定存在一阶序列相关。结果如图 5 – 2 所示。

Autocorrelation	Partial Correlation		AC	PAC	Q-Stat	Prob
		1	0.760	0.760	15.684	0.000
		2	0.517	-0.145	23.257	0.000
		3	0.190	-0.361	24.332	0.000
		4	-0.065	-0.094	24.465	0.000
		5	-0.198	0.103	25.750	0.000
		6	-0.272	-0.089	28.315	0.000
		7	-0.224	0.056	30.161	0.000
		8	-0.219	-0.180	32.023	0.000
		9	-0.214	-0.151	33.924	0.000
		10	-0.183	0.084	35.416	0.000
		11	-0.146	0.047	36.438	0.000
		12	-0.151	-0.260	37.626	0.000

图 5 – 2　农村居民国内旅游消费的相关系数检验

进行 B – G 检验，$\chi^2_{0.05}(1) = 3.84146 < nR^2 = 14.92130$ 可判定存在一阶序列相关。检验结果如表 5 – 14 所示。

表 5 – 14   农村居民国内旅游消费 B – G 检验

Breusch-Godfrey Serial Correlation LM Test:			
F-statistic	36. 17891	Prob. F（1，22）	0. 0000
Obs × R-squared	14. 92130	Prob. Chi-Square（1）	0. 0001

采用广义差分法进行序列相关修正，可得如下回归方程式：

$$\hat{L N C}_{2t} = 0.597475 Ln\overline{Y}_{0t} + AR(1) \qquad (5-12)$$

$$(0.023774) \qquad AR(1) = 0.150460$$

$$t = (25.13141) \qquad (5.392751)$$

$$R^2 = 0.736965 \qquad \overline{R}^2 = 0.724439 \qquad DW = 1.593199$$

对模型（5 – 12）进行偏向关系数检验，由于偏向关系数在 0 附近波动，因此，可判定模型已不存在序列相关（见图 5 – 3）。

Autocorrelation	Partial Correlation		AC	PAC	Q-Stat	Prob*
		1	0.188	0.188	0.9234	
		2	0.190	0.161	1.9149	0.166
		3	0.266	0.219	3.9528	0.139
		4	-0.150	-0.277	4.6353	0.201
		5	-0.033	-0.054	4.6697	0.323
		6	-0.061	-0.046	4.7966	0.441
		7	-0.000	0.174	4.7966	0.570
		8	-0.002	-0.033	4.7969	0.685
		9	-0.115	-0.157	5.3441	0.720
		10	-0.059	-0.116	5.4997	0.789
		11	0.176	0.363	6.9816	0.727
		12	-0.098	-0.100	7.4826	0.759

图 5 – 3 农村居民国内旅游消费偏相关系数检验

进行 B – G 检验，由 $\chi^2_{0.05}(1) = 3.84146 > 1.092372$ 可判定已不存在一阶序列相关。检验结果如表 5 – 15 所示。

表 5 – 15   农村居民国内旅游消费 B – G 检验

Breusch-Godfrey Serial Correlation LM Test:			
F-statistic	1. 046175	Prob. F（1，20）	0. 3186
Obs × R-squared	1. 092372	Prob. Chi-Square（1）	0. 2959

$\overline{R}^2 = 0.724439$，表明模型拟合较好，且回归系数显著，通过了 t 检验，不存在异方差和序列相关。

对于农村居民来说，受当前人均可支配收入和全国居民人均可支配收入的共同影响，如果农村居民人均可支配收入增加，旅游花费也随之增加。由于模型存在多重共线性，且主要考察所在群体的收入水平对其旅游消费的影响，因此，将变量 LNY_{2t} 剔除，重新建立模型。通过一系列的检验和修正，最终确定的模型为式（5-12）。模型参数显著，通过了 t 检验，修正的可决系数值为 0.724439，说明模型整体拟和效果较好，不存在序列相关和异方差。因此，对于农村居民来说，全国居民人均可支配收入增加 1%，则农村居民人均旅游消费增加 0.597%。说明随着全国居民人均可支配收入的增加，农村居民的旅游花费也会增加，即存在示范效应。

在棘轮效应下，根据旅游消费模型（4-8），对城镇居民而言，由于 C_{1t}、Y_{1t} 和 Y_{1t-1} 是非平稳序列，但都是同阶单整的，并且都是一阶单整的，因此，可进行协整检验。进行协整回归，利用 OLS 法得到回归方程式为：

$$\hat{C}_{1t} = -0.201161Y_{1t} + 0.347852Y_{1,t-1} \qquad (5-13)$$
$$(0.366310) \qquad (0.375514)$$
$$t = (-0.549155) \qquad (0.926336)$$
$$R^2 = -0.460774 \qquad \overline{R}^2 = -0.530335 \qquad DW = 0.371083$$

由于参数检验不显著，没有通过 t 检验，且回归系数为负，与经济实际不符，Y_{1t} 和 Y_{1t-1} 之间的相关系数为 0.981823，存在多重共线性，且主要考察上一期可支配收入对旅游消费的影响，因此，剔除 Y_{1t} 得到模型：

$$\hat{C}_{1t} = 0.141721Y_{1,t-1} \qquad (5-14)$$
$$(0.010553)$$
$$t = (13.442983)$$
$$R^2 = -0.481752 \qquad \overline{R}^2 = -0.481752 \qquad DW = 0.319401$$

对式（5-14）的残差进行 ADF 检验，结果如表 5-16 所示。

表 5-16　　　　城镇居民国内旅游消费残差序列的单位根检验

变量	检验类型（c，t，l）	ADF 统计量	临界值（10%）
e	c，t，0	-1.637643	-3.254671
	c，0，0	-0.976050	-2.642242
	0，0，0	-1.050485	-1.6081755

注：c，t 表示带有常数项和趋势项，l 表示采用的滞后阶数。

结果显示，ADF 值大于 10% 的临界值，因此，存在单位根，e_t 序列是非平稳序列。据此判断，序列 C_{1t} 和 $Y_{1,t-1}$ 之间没有协整关系，因此 C_{1t} 和 $Y_{1,t-1}$ 之间没有长期的比例关系。

对于城镇居民来说，由于当前可支配收入和上一期可支配收入存在多重共线性，且主要考察上一期可支配收入水平对其旅游消费的影响，因此，将当前可支配收入剔除，建立模型（5-14）。参数显著，通过 t 检验，但修正的可决系数低且为负，说明城镇居民旅游消费与上一期可支配收入之间存在非线性关系，且模型没有通过协整检验，表明城镇居民的国内旅游消费与上一期的人均可支配收入之间不存在长期的比例关系或均衡关系。

基于棘轮效应，对旅游消费函数模型（4-8），两边进行对数变换，并剔除常数项（不显著，没有通过 t 检验）得到农村居民旅游函数模型为：

$$\hat{LNC}_{2t} = -4.9646701 LNY_{2t} + 5.649129 LNY_{2,t-1} \qquad (5-15)$$
$$\quad (0.993305) \qquad\qquad (0.997725)$$
$$t = (-4.980042) \qquad (5.662074)$$
$$R^2 = 0.687528 \qquad \overline{R}^2 = 0.672649 \qquad DW = 1.094062$$

由于模型修正可决系数 $\overline{R}^2 = 0.672649$，说明模型拟合效果较好，但 LNY_{2t} 和 $LNY_{2,t-1}$ 相关系数为 0.974749，因此，可判定存在多重共线性。由于主要考察棘轮效应，将 LNY_{2t} 剔除，得到如下回归模型：

$$\hat{LNC}_{2t} = 0.680571 LNY_{2,t-1} \qquad\qquad (5-16)$$
$$(0.008723)$$
$$t = (78.02087)$$
$$R^2 = 0.318502 \qquad \overline{R}^2 = 0.318502 \qquad DW = 0.352065$$

对模型进行 White 异方差检验，$\chi^2_{0.05}(1) = 3.84146 < nR^2 = 8.731169$，表明模型存在异方差，检验结果如表 5-17 所示。

表 5 – 17　　　　　　　农村居民国内旅游消费的 White 异方差检验

Heteroskedasticity Test：White			
F-statistic	12. 85000	Prob. F （1, 21）	0. 0017
Obs × R-squared	8. 731169	Prob. Chi-Square （1）	0. 0031
Scaled explained SS	18. 17048	Prob. Chi-Square （1）	0. 0000

对存在的异方差运用 White 的异方差稳健标准误法进行修正，修正后的回归模型如下：

$$L\hat{N}C_{2t} = 0.680571LNY_{2,t-1} \tag{5 – 17}$$

$$(0.008421)$$

$$t = (80.81628)$$

$$R^2 = 0.318502 \qquad \overline{R}^2 = 0.318502 \qquad DW = 0.352065$$

与式（5 – 16）相比，参数修正后的标准差要比 OLS 估计的结果有所降低，这表明原模型 OLS 的参数标准差的估计结果被高估了，表明参数标准差得到了修正。

对模型（5 – 17）进行序列相关检验，通过偏相关系数可判定存在二阶序列相关。结果如图 5 – 4 所示。

Autocorrelation	Partial Correlation		AC	PAC	Q-Stat	Prob
		1	0.682	0.682	12.165	0.000
		2	0.247	-0.408	13.838	0.001
		3	-0.015	0.059	13.844	0.003
		4	-0.243	-0.346	15.626	0.004
		5	-0.322	0.128	18.932	0.002
		6	-0.248	-0.097	21.007	0.002
		7	-0.170	-0.028	22.048	0.002
		8	-0.122	-0.115	22.621	0.004
		9	-0.089	-0.056	22.946	0.006
		10	-0.007	0.125	22.948	0.011
		11	0.083	-0.029	23.276	0.016
		12	0.056	-0.143	23.441	0.024

图 5 – 4　农村居民国内旅游消费的相关系数检验

进行 B – G 检验，$\chi^2(1) = 3.84146 < nR^2 = 12.84394$ 可判定存在二阶序列相关。检验结果如表 5 – 18 所示。

表 5 – 18 农村居民国内旅游消费 B – G 检验

Breusch-Godfrey Serial Correlation LM Test：

F-statistic	12. 64821	Prob. F (2，20)	0. 0003
Obs × R-squared	12. 84394	Prob. Chi-Square (2)	0. 0016

采用广义差分法进行序列相关修正，可得如下回归方程式：

$$L\hat{N}C_{2t} = 0.692641LNY_{2,t-1} + AR(1) \qquad (5-18)$$

$$(0.011071) \qquad AR(1) = 0.685130$$

$$t = (62.56600) \qquad (3.305892)$$

$$R^2 = 0.724149 \qquad \overline{R}^2 = 0.710356 \qquad DW = 1.671751$$

对模型（5 – 18）进行偏向关系数检验，由于偏向关系数在 0 附近波动，因此，可判定模型已不存在序列相关（见图 5 – 5）。

Autocorrelation	Partial Correlation		AC	PAC	Q-Stat	Prob*
		1	-0.004	-0.004	0.0004	
		2	0.048	0.048	0.0600	0.806
		3	0.104	0.105	0.3630	0.834
		4	-0.290	-0.295	2.8359	0.418
		5	-0.069	-0.084	2.9850	0.560
		6	-0.078	-0.062	3.1858	0.671
		7	-0.003	0.075	3.1862	0.785
		8	-0.020	-0.091	3.2016	0.866
		9	-0.097	-0.147	3.5823	0.893
		10	0.010	-0.047	3.5863	0.936
		11	0.244	0.325	6.4456	0.777
		12	-0.062	-0.078	6.6509	0.827

图 5 – 5　农村居民国内旅游消费相关系数检验

进行 B – G 检验，由 $\chi^2_{0.05}(1) = 3.84146 > 0.060345$ 可判定已不存在一阶序列相关。检验结果如表 5 – 19 所示。

表 5 – 19 农村居民国内旅游消费 B – G 检验

Breusch-Godfrey Serial Correlation LM Test：

F-statistic	0. 025496	Prob. F (2，18)	0. 9749
Obs × R-squared	0. 060345	Prob. Chi-Square (2)	0. 9703

对于农村居民，旅游花费受到当期的人均可支配收入和上一期的人均可支配收入的影响，由于模型存在多重共线性，且主要考察上一期可支配收入对其旅游消费的影响，因此，将变量 LNY_{2t} 剔除，重新建立模型，并对该模型进行回归，并进行一系列检验与修正，回归系数通过显著检验，R^2 值明显提高，值为 0.710356，模型在整体上拟合较好，最终确定为模型（5 - 18）。该模型表明农村居民旅游消费存在棘轮效应，其上一期的人均可支配收入增加 1%，则当期的旅游花费将增加 0.6926%，即前一期较高的收入水平会导致当期旅游花费的增加。

5.2.3　结论

（1）对于城镇居民来说，其国内旅游消费与全国居民可支配收入之间存在非线性关系，且模型没有通过协整检验，说明城镇居民的国内旅游消费与其收入之间不存在长期稳定的均衡关系。对于农村居民而言，旅游花费存在示范效应，总体居民人均可支配收入增加 1%，农村居民人均旅游消费支出会增加 0.597%。即其所在群体的收入水平会对其当期旅游花费起到一定的正向影响作用。

（2）对于城镇居民来说，其国内旅游消费与上一期可支配收入之间存在非线性关系，且模型没有通过协整检验，表明城镇居民的国内旅游消费与上一期的人均可支配收入之间不存在长期的比例关系或均衡关系。对农村居民而言，旅游花费存在棘轮效应，其上一期的人均可支配收入增加 1%，则当期的旅游花费将增加 0.69%，即前一期较高的收入水平会导致当期旅游花费的增加。

5.3　生命周期假说旅游消费函数构建

5.3.1　指标选取及数据说明

对于生命周期假说旅游消费函数，根据模型（4 - 18），选取 4 个指标，分别为当期居民人均国内旅游花费、当期居民人均可支配收入、上一期居民人均可支配收入和上一期居民人均国内旅游花费。由于我国国内旅游花费具有明显的城乡"二元结构"，因此，当期居民人均国内旅游花费分别指当期城镇居民人均国内旅游消费和农村居民人均国内旅游消费，当期居民人均可支配收入指城镇居民人均可支配收入、农村居民人均纯收入，上一期居民人均可支配收入和上一期居民人均国内旅游花费则同上。选取 1994～2017 年旅游消费和收入相关数据，为消除物价因素的影响，需用价格指数即以 1994 年价格指数为基期对上述指标值进行平减，城镇居民和农村居民的原始数据及价格指数来自 2017 年、2018 年《中国统计年鉴》和年度统计公告。

以 1994 年价格指数为基期，即 1994 年价格指数设为 100，得到调整后的城乡居民国内旅游消费实际支出与可支配收入。城乡居民国内旅游消费名义支出与收入如表 5 – 20 所示，城乡居民国内旅游消费实际支出与收入如表 5 – 21 所示。

表 5 –20　　　　　　城乡居民国内旅游消费名义支出与收入

年份	年平均旅游消费支出（元）		年平均收入（元）	
	城镇居民人均旅游消费	农村居民人均旅游消费	城镇居民人均可支配收入	农村居民人均可支配收入
1994	414.67	54.88	3496.20	1221.0
1995	464.02	61.47	4283.00	1577.7
1996	534.10	70.45	4838.90	1926.1
1997	599.80	145.68	5160.30	2090.1
1998	607.00	197.00	5425.10	2162.0
1999	614.80	249.50	5854.02	2210.3
2000	678.60	226.60	6280.00	2253.4
2001	708.30	212.70	6859.60	2366.4
2002	739.70	209.10	7702.80	2475.6
2003	684.90	200.00	8472.20	2622.2
2004	731.80	210.20	9421.60	2936.4
2005	737.10	227.60	10493.00	3254.9
2006	766.40	221.90	11759.50	3587.0

续表

年份	年平均旅游消费支出（元）		年平均收入（元）	
	城镇居民人均旅游消费	农村居民人均旅游消费	城镇居民人均可支配收入	农村居民人均可支配收入
2007	906.90	222.50	13785.80	4140.4
2008	849.36	275.28	15780.76	4760.6
2009	801.10	295.30	17174.65	5153.2
2010	883.00	306.00	19109.44	5919.0
2011	877.80	471.40	21809.78	6977.3
2012	914.50	491.00	24564.72	7916.6
2013	946.60	518.90	26955.10	8895.9
2014	975.40	540.20	29381.00	9892.0
2015	985.50	554.20	31194.80	10772.0
2016	1009.10	576.40	33616.25	12363.4
2017	1024.60	603.30	36396.20	13432.4

资料来源：原始数据均来源于 2017 年、2018 年《中国统计年鉴》和年度统计公告。

表 5-21　　　　　**城乡居民国内旅游消费实际支出与收入**

年份	年平均旅游消费支出（元）				年平均收入（元）			
	城镇居民人均旅游消费	城镇居民消费价格指数（$CPI_{1994}=100$）	农村居民人均旅游消费	农村居民消费价格指数（$CPI_{1994}=100$）	城镇居民人均支配收入	城镇居民收入价格指数（$CPI_{1994}=100$）	农村居民人均支配收入	农村居民收入价格指数（$CPI_{1994}=100$）
1994	414.67	100.00	54.90	100.00	3496.20	100.00	1221.00	100.00
1995	432.84	107.20	57.58	106.80	4083.83	104.90	1498.32	105.30
1996	481.98	110.80	57.64	122.30	4441.01	109.00	1678.25	114.80
1997	529.45	113.30	115.55	126.60	4579.58	112.70	1741.19	120.00
1998	506.23	119.90	154.39	127.60	4551.89	119.20	1726.85	125.20
1999	478.96	128.40	186.03	134.10	4493.60	130.30	1700.55	130.00
2000	1089.70	62.30	250.46	90.50	4530.37	138.60	1698.21	132.70
2001	1096.01	64.60	224.67	94.70	4560.98	150.40	1711.49	138.30
2002	1076.62	68.70	207.26	100.90	4515.98	170.60	1708.39	144.90
2003	963.20	71.10	189.53	105.50	4557.14	185.90	1734.96	151.10

续表

年份	年平均旅游消费支出（元）				年平均收入（元）			
	城镇居民人均旅游消费	城镇居民消费价格指数（CPI$_{1994}$=100）	农村居民人均旅游消费	农村居民消费价格指数（CPI$_{1994}$=100）	城镇民人均支配收入	城镇居民收入价格指数（CPI$_{1994}$=100）	农村民人均支配收入	农村居民收入价格指数（CPI$_{1994}$=100）
2004	971.22	75.30	191.64	109.70	4705.70	200.20	1819.27	161.40
2005	901.74	81.70	194.32	117.10	4781.80	219.40	1898.74	171.40
2006	879.84	87.10	176.53	125.70	4853.18	242.30	1948.33	184.10
2007	933.19	97.20	162.81	136.70	5070.98	271.90	2053.85	201.60
2008	820.63	103.50	188.30	146.20	5355.05	294.70	2186.58	217.70
2009	716.92	111.70	184.81	159.80	5309.30	323.50	2181.46	236.20
2010	732.57	120.50	178.37	171.50	5480.20	348.70	2259.39	262.00
2011	672.93	130.40	243.34	193.70	5769.69	378.00	2390.80	291.80
2012	653.92	139.80	232.79	210.90	5929.64	414.30	2450.45	323.10
2013	642.85	147.30	226.61	229.00	6080.74	443.30	2519.30	353.10
2014	627.15	155.50	214.67	251.60	6205.99	473.40	2565.34	385.60
2015	601.13	163.90	201.05	275.60	6299.15	504.70	2598.69	414.50
2016	584.86	172.50	191.73	300.60	6426.08	523.10	2646.14	467.20
2017	568.46	180.20	186.78	323.00	6535.07	556.90	2680.59	501.10

资料来源：由原始数据计算得出。

5.3.2 模型估计

为了避免由非平稳序列建立模型而带来的虚假回归问题，首先要检验时间序列的平稳性，即进行单位根检验。

5.3.2.1 变量的单位根检验

本研究根据 ADF 检验法和施瓦茨准则最小准则确定最佳滞后阶数，单位根检验的形式采用的是从一般到特殊的原则，即刚开始带趋势项和截距项，如果趋势项不显著则将其剔除，如果截距项也不显著则继续将其剔除。运用软件

Eviews8. 0 对序列 C_t、Y、Y_{t-1}、C_{t-1} 的水平值和一阶差分以及对数进行单位根检验，以确定序列的稳定性。单位根的检验结果如表 5 - 22 所示。

表 5 - 22　　　　　　城乡居民国内旅游花费与收入的单位根检验

变量	检验类型 (c, t, l)	ADF 统计量	临界值 (10%)	变量	检验类型 (c, t, l)	ADF 统计量	临界值 (10%)
C_{1t}	c, t, 0	-1. 710466	-3. 248592	C_{2t}	c, t, 3	-3. 948395	-3. 268973
	c, 0, 0	-1. 839309	-2. 638752				
	0, 0, 0	-0. 273339	-1. 608495				
Y_{1t}	c, t, 0	-1. 981812	-2. 638752	Y_{2t}	c, t, 3	4. 937778	-3. 268973
	c, 0, 0	-0. 996216	-2. 642242				
	0, 0, 0	3. 958506	-1. 608495				
$\triangle C_{1t}$	c, t, 0	-4. 795048	-3. 254671	lnC_{2t}	c, t, 3	-4. 542572	-3. 268973
$\triangle Y_{1t}$	c, t, 2	-4. 093039	-3. 268973	lnY_{2t}	c, t, 3	-4. 261501	-3. 268973
lnC_{1t}	c, t, 0	-1. 698243	-3. 248592				
	c, 0, 0	-1. 985163	-2. 638752				
	0, 0, 0	0. 265881	-1. 608495				
$\triangle lnC_{1t}$	c, t, 0	-4. 587134	-2. 642242				
lnY_{1t}	c, t, 0	-3. 343909	-3. 277364				

注：c，t 表示带有常数项和趋势项，L 表示采用的滞后阶数，$\triangle$ 表示一阶差分。

结果显示，C_{1t} 序列的 ADF 值在带趋势项和截距项、带截距项以及不带截距项的情况下，其值分别为 -710466、-1. 839309 和 -0. 273339，大于 10% 显著水平下的临界值 -3. 248592、-2. 638752 和 -1. 608495，因此，不拒绝 C_{1t} 存在单位根的原假设，C_{1t} 序列是非平稳时间序列。同理可得，Y_{1t} 是非平稳序列，C_{2t} 和 Y_{2t} 是平稳时间序列。

对序列 C_{1t} 和 Y_{1t} 的一阶差分进行单位根检验，结果在 10% 的显著水平下序列 $\triangle Y_{1t}$ 和 $\triangle C_{1t}$ 的 ADF 值都小于临界值，因此，不存在单位根，故判定 Y_{1t} 和 C_{1t} 是一阶单整序列，即 I（1）。对序列 C_{1t}、Y_{1t}、C_{2t} 和 Y_{2t} 分别取对数，以降低异方差，并对序列进行平滑，得到序列 LnC_{1t}、LnY_{1t}、LnC_{2t} 和 LnY_{2t}，并对序列 LnC_{1t}、LnY_{1t}、LnC_{2t} 和 LnY_{2t} 进行单位根检验。

LnC_{1t} 序列的 ADF 值在带趋势项和截距项、带截距项以及不带截距项的情况下，其值分别为 -1.698243、-1.985163 和 0.265881，大于 10% 显著水平下的临界值 -3.248592、-2.638752 和 -1.608495，因此，不拒绝 LnC_{1t} 存在单位根的原假设，LnC_{1t} 序列是非平稳时间序列。序列 LnY_{1t}、LnC_{2t} 和 LnY_{2t} 的 ADF 值都小于 10% 显著水平下的临界值，因此，不存在单位根，故 LnY_{1t}、LnC_{2t} 和 LnY_{2t} 是平稳时间序列。对序列 LnC_{1t} 的一阶差分进行单位根检验，结果在 10% 的显著水平下序列 LnC_{1t} 的 ADF 值小于临界值，因此，不存在单位根，故判定 LnC_{1t} 是一阶单整序列，即 I（1）。

5.3.2.2 回归分析及模型检验

根据旅游消费模型（4-18），对城镇居民而言，由于 C_{1t}、Y_{1t}、$Y_{1,t-1}$ 和 $C_{1,t-1}$ 是非平稳序列，但都是同阶单整的，并且都是一阶单整的，因此，可进行协整检验。进行协整回归，利用 OLS 法得到回归方程式：

$$\hat{C}_{1t} = 515 - 0.230710Y_{1t} + 0.703390C_{1,t-1} + 0.178821Y_{1,t-1} \quad (5-19)$$
$$(235.7188)(0.206450) \quad (0.135294) \quad (0.200671)$$
$$t = (2.188256)(-1.117509) \quad (5.198985) \quad (0.891113)$$
$$R^2 = 0.671930 \quad \overline{R}^2 = 0.620129 \quad F = 12.97146 \quad DW = 2.129884$$

变量 Y_{1t} 和 $Y_{1,t-1}$ 前的参数不显著，没有通过 t 检验，且对变量 Y_{1t} 和 $Y_{1,t-1}$ 进行相关系数检验，可见两者存在较严重的多重共线性，结果如表 5-23 所示。

表 5-23　　　　　　　　　变量 Y_{1t} 和 $Y_{1,t-1}$ 的相关系数

	Y_1	$Y_{1,t-1}$
Y_1	1.000000	0.981823
$Y_{1,t-1}$	0.981823	1.000000

可分两种情况，一种情况剔除 Y_t，进行协整检验，得到回归方程式：

$$\hat{C}_{1t} = 396.0808 + 0.755830C_{1,t-1} - 0.041799Y_{1,t-1} \quad (5-20)$$
$$(211.2639)(0.755830) \quad (0.036196)$$
$$t = (1.874816)(5.919640) \quad (-1.154803)$$
$$R^2 = 0.650366 \quad \overline{R}^2 = 0.615403 \quad F = 18.660135 \quad DW = 1.948208$$

对式（5 - 20）的残差进行 ADF 检验，结果如表 5 - 24 所示。

表 5 - 24　　　　　　城镇居民国内旅游消费残差序列的单位根检验

检验类型（c, t, l）		c, t, 4
ADF 值		- 6. 570450
临界值	1% level	- 4. 571559
	5% level	- 3. 690814
	10% level	- 3. 286909

＊MacKinnon（1996）one-sided p-values.

注：c, t 表示带有常数项和趋势项，l 表示采用的滞后阶数。

结果显示，ADF 值小于 10% 的临界值，因此，不存在单位根，e_t 序列是平稳序列。据此判断，序列 C_{1t}、$C_{1,t-1}$ 和 $Y_{1,t-1}$ 之间是（1，1）阶协整的，具有长期稳定的均衡关系，因此，可建立如下误差修正模型：

$$\Delta \hat{C}_{1t} = - 0.266242 \Delta Y_{1,t-1} + 1.245578 \Delta C_{1,t-1} - 1.5489350 ECM \quad （5 - 21）$$
$$（0.145417） \qquad （0.462240） \qquad （0.522310）$$
$$t = （- 1.830884） \qquad （2.694657） \qquad （- 2.964429）$$
$$R^2 = 0.325760 \qquad \overline{R}^2 = 0.254788 \qquad DW = 2.082496$$

在上述误差修正模型中，误差修正系数为负值，符合误差反向修正机制，对其残差序列进行 ARCH 检验，结果如表 5 - 25 所示，残差序列不存在条件异方差。

表 5 - 25　　　　　城镇居民国内旅游消费残差序列的 ARCH 检验

Heteroskedasticity Test：ARCH			
F-statistic	0. 068778	Prob. F（1，19）	0. 7959
Obs × R-squared	0. 075744	Prob. Chi-Square（1）	0. 7832

ECM 模型的正态性检验，Jarque - Bera 值为 77.37170，大于临界值 $\chi^2_{0.05}(2) = 5.99147$，因此在 5% 的水平上残差不服从正态分布。

B - G 检验，LM 值为 0，如表 5 - 26 所示，不存在序列相关。

因此，在剔除 Y_t 情况下建立的误差修正模型（5 - 21），误差项显著，通过了 t 检验。并且不存在条件异方差和序列相关，但是模型没有通过正态性检验，且修正的可决系数值为 0.25，模型的拟和效果不好。误差修正项系数为 -1.548350，表明短期消费对偏离长期均衡的调整力度非常有力。

表 5-26 城镇居民国内旅游消费残差序列的 B-G 检验

Breusch-Godfrey Serial Correlation LM Test：

F-statistic	0.755483	Prob. F (1, 18)	0.3962
Obs × R-squared	0.000000	Prob. Chi-Square (1)	1.0000

另一种情况，剔除 $Y_{1,t-1}$，进行协整检验，得到回归方程式：

$$\hat{C}_{1t} = 451.6681 + 0.743457C_{1,t-1} - 0.04972Y_{1t} \qquad (5-22)$$
$$(223.3005) \quad (0.126945) \qquad (0.036817)$$
$$t = (2.022692) \quad (5.856528) \qquad (-1.350438)$$
$$R^2 = 0.658218 \qquad \overline{R}^2 = 0.624040 \qquad F = 19.25844 \qquad DW = 1.990155$$

对式（5-22）的残差进行 ADF 检验，结果如表 5-27 所示。

表 5-27 城镇居民国内旅游消费残差序列的单位根检验

检验类型 (c, t, l)		c, t, 4
ADF 值		-6.746387
临界值	1% level	-4.571559
	5% level	-3.690814
	10% level	-3.286909

* MacKinnon (1996) one-sided p-values.

注：c，t 表示带有常数项和趋势项，l 表示采用的滞后阶数。

结果显示，ADF 值小于 10% 的临界值，因此，不存在单位根，e_t 序列是平稳序列。据此判断，序列 C_{1t}、Y_{1t} 和 $C_{1,t-1}$ 之间是（1，1）阶协整的，具有长期稳定的均衡关系，因此，可建立如下误差修正模型：

$$\Delta\hat{C}_{1t} = -0.067268\Delta Y_{1t} + 0.984068\Delta C_{1,t-1} - 1.260316ECM \qquad (5-23)$$
$$(0.178567) \qquad (0.431555) \qquad (0.487591)$$
$$t = (-0.376708) \qquad (2.280284) \qquad (-2.584784)$$
$$R^2 = 0.258803 \qquad \overline{R}^2 = 0.180782 \qquad DW = 2.070111$$

在上述误差修正模型中，误差修正系数为负值，符合误差反向修正机制，对其残差序列进行 ARCH 检验，结果如表 5 - 28 所示，残差序列不存在条件异方差。

表 5 - 28　　　　　城镇居民国内旅游消费残差序列的 ARCH 检验

Heteroskedasticity Test：ARCH			
F-statistic	0. 023760	Prob. F（1，19）	0. 8791
Obs × R-squared	0. 026228	Prob. Chi-Square（1）	0. 8713

ECM 模型的正态性检验，Jarque - Bera 值为 91. 50833，大于临界值 $\chi^2_{0.05}$（2）= 5. 99147，因此，在 5% 的水平上残差不服从正态分布。

B - G 检验结果如表 5 - 29 所示，LM 值为 1351235 < $\chi^2_{0.05}$（2）= 3. 84，结果显示不存在序列相关。

表 5 - 29　　　　　城镇居民国内旅游消费残差序列的 B - G 检验

Breusch-Godfrey Serial Correlation LM Test：			
F-statistic	1. 220405	Prob. F（1，18）	0. 2838
Obs × R-squared	1. 351235	Prob. Chi-Square（1）	0. 2451

因此，在剔除 Y_{t-1} 情况下，建立的误差修正模型（5 - 22），误差项显著，通过了 t 检验。并且不存在条件异方差和序列相关，但模型没有通过正态性检验，且修正的可决系数值为 0. 18，模型的拟和效果不好。误差修正系数为 - 1. 260316，表明短期消费对偏离长期均衡的调整力度较为显著。

对于农村居民，根据旅游消费模型（4 - 18）进行对数变换，利用 OLS 法得到农村居民国内旅游消费回归方程式：

$$L\hat{N}C_{2t} = 1.668291 - 2.561648LNY_{2t} + 0.570852LNC^{2,t-1} + 2.649051LNY_{2,t-1}$$

$$(5 - 24)$$

$$(1.327649)\quad(0.870673)\quad(0.102121)\quad(0.871979)$$

$$t = (1.256576)\quad(-2.942148)\quad(5.589956)\quad(3.037975)$$

$$R^2 = 0.882437\quad\overline{R}^2 = 0.863874\quad F = 47.53843\quad DW = 2.368170$$

由于常数项不显著，没有通过 t 检验，且 LNY_{2t} 和 $LNY_{2,t-1}$ 相关系数为

0.974749，存在多重共线性，因此，进行 OLS 回归分析时分为两种情况，第一种情况剔除 LNY_{2t}，建立不带截距项的农村居民旅游回归模型：

$$L\hat{N}C_{2t} = 0.720941LNC_{2,t-1} + 0.194863LNY_{2,t-1} \qquad (5-25)$$
$$(0.091230) \qquad\qquad (0.061626)$$
$$t = (7.902417) \qquad\qquad (3.162011)$$
$$R^2 = 0.828499 \qquad \overline{R}^2 = 0.820332 \qquad DW = 1.620192$$

由回归模型可知，回归系数显著，通过 t 检验，$\overline{R}^2 = 0.923094$，模型整体上拟和较好，解释变量对被解释变量的影响显著。

进行 White 异方差检验，在 0.05 的置信水平下，临界值 $\chi^2_{0.05}(3) = 7.81473 < nR^2 = 13.54245$，表明模型存在异方差，检验结果如表 5 – 30 所示。

表 5 – 30　　　　　农村居民国内旅游消费的 White 异方差检验

Heteroskedasticity Test：White			
F-statistic	9.068820	Prob. F (3, 19)	0.0006
Obs × R-squared	13.54245	Prob. Chi-Square (3)	0.0036
Scaled explained SS	13.18686	Prob. Chi-Square (3)	0.0042

对存在的异方差运用 White 的异方差稳健标准误法进行修正，修正后的回归模型如下：

$$LN\hat{C}_{2t} = 0.720941LNC_{2,t-1} + 0.194863LNY_{2,t-1} \qquad (5-26)$$
$$(0.158166) \qquad\qquad (0.109407)$$
$$t = (4.558120) \qquad\qquad (1.781080)$$
$$R^2 = 0.828499 \qquad \overline{R}^2 = 0.820332 \qquad DW = 1.609032$$

与式（5 – 25）相比，修正后的参数标准差要比 OLS 估计的结果有所增长，这表明原模型 OLS 的参数方差的估计结果被低估了，表明参数标准差得到了修正。

进行偏向系数检验，由于偏相关系数在 0 附近波动，因此，可判定不存在序列相关。检验结果如图 5 – 6 所示。

Autocorrelation	Partial Correlation		AC	PAC	Q-Stat	Prob*
		1	0.138	0.138	0.5010	0.479
		2	-0.085	-0.106	0.6980	0.705
		3	0.098	0.129	0.9729	0.808
		4	-0.284	-0.345	3.4211	0.490
		5	-0.193	-0.063	4.6127	0.465
		6	-0.069	-0.136	4.7719	0.573
		7	0.011	0.111	4.7763	0.687
		8	0.015	-0.110	4.7846	0.780
		9	-0.111	-0.160	5.2891	0.808
		10	-0.040	-0.116	5.3588	0.866
		11	0.273	0.347	8.9309	0.628
		12	-0.004	-0.144	8.9316	0.709

图 5 – 6　农村居民国内旅游消费的相关系数检验

进一步进行 B – G 检验，在 0.05 的置信水平下，临界值 $\chi^2_{0.05}(1) = 3.84146 > nR^2 = 0.562387$，表明不存在序列相关，检验结果如表 5 – 31 所示。

表 5 – 31　　　　　　农村居民国内旅游消费的 B – G 检验

Breusch-Godfrey Serial Correlation LM Test:			
F-statistic	0.501315	Prob. F (1, 20)	0.4871
Obs × R-squared	0.562387	Prob. Chi-Square (1)	0.4533

因此，在剔除 LNY_t 情况下建立的模型（5 – 26），修正的可决系数值为 0.82，模型的拟和效果较好，并且不存在条件异方差和序列相关。但是模型中 $LNY_{2,t-1}$ 前的回归系数不显著，没有通过 t 检验。说明对农村居民的国内旅游消费起主要影响作用的是其上一期的旅游消费支出。上一期旅游消费支出增加 1%，则本期旅游消费支出增加 0.72%。上一期的可支配收入前的系数为正，说明上一期的可支配收入的增加会促进当期旅游消费。

在第二种情况中，剔除 $LNY_{2,t-1}$，建立农村居民旅游回归模型：

$$L\hat{N}C_{2t} = 0.748641LNC_{2,t-1} + 0.175373LNY_{2t} \qquad (5 – 27)$$
$$(0.088490) \qquad\qquad (0.059510)$$
$$t = (8.460225) \qquad\qquad (2.946954)$$
$$R^2 = 0.820909 \qquad \overline{R}^2 = 0.812381 \qquad DW = 1.594082$$

由回归模型可知，回归系数显著，通过 t 检验，$\overline{R}^2 = 0.812381$，模型整体上拟和较好，解释变量对被解释变量的影响显著。

进行异方差 White 检验，在 5% 的置信水平下，临界值 $\chi^2_{0.05}(3) = 7.81 <$

$nR^2 = 11.7754$，因此，可判定存在异方差。检验结果如表 5 - 32 所示。

表 5 - 32　　　　　　农村居民国内旅游消费的 White 异方差检验

Heteroskedasticity Test：White			
F-statistic	8. 004344	Prob. F （3，19）	0. 0012
Obs × R-squared	12. 84029	Prob. Chi-Square （3）	0. 0050
Scaled explained SS	13. 18797	Prob. Chi-Square （3）	0. 0042

对存在的异方差运用 White 的异方差稳健标准误法进行修正，修正后的回归模型如下：

$$\hat{LNC}_{2t} = 0.748641 LNC_{2,t-1} + 0.175373 LNY_{2t} \qquad (5-28)$$

$$(0.152968) \qquad\qquad (0.105525)$$

$$t = (4.893528) \qquad\qquad (1.661901)$$

$$R^2 = 0.820909 \qquad \overline{R}^2 = 0.812381 \qquad DW = 1.594082$$

与式（5 - 27）相比，修正后的参数标准差要比 OLS 估计的结果有所增长，这表明原模型 OLS 的参数方差的估计结果被低估了，表明参数标准差得到了修正。

进行偏相关系数检验，由于偏相关系数在 0 附近波动，可判定不存在序列相关，如图 5 - 7 所示。

Autocorrelation	Partial Correlation		AC	PAC	Q-Stat	Prob*
		1	0.151	0.151	0.5973	0.440
		2	-0.081	-0.106	0.7776	0.678
		3	0.092	0.125	1.0184	0.797
		4	-0.285	-0.348	3.4782	0.481
		5	-0.192	-0.053	4.6554	0.459
		6	-0.068	-0.132	4.8099	0.568
		7	0.000	0.101	4.8099	0.683
		8	0.010	-0.115	4.8136	0.777
		9	-0.105	-0.152	5.2639	0.811
		10	-0.044	-0.113	5.3500	0.867
		11	0.267	0.339	8.7695	0.643
		12	0.007	-0.150	8.7719	0.722

图 5 - 7　农村居民国内旅游消费的相关系数检验

进一步通过 B – G 检验，在 0.05 的置信水平下，临界值 $\chi^2_{0.05}(1) = 3.84146 > nR^2 = 0.658732$，表明模型不存在自相关，检验结果如表 5 – 33 所示。

表 5 – 33　　　　　　　　　农村居民国内旅游消费的 B – G 检验

Breusch-Godfrey Serial Correlation LM Test：

F-statistic	0.589957	Prob. F（1，20）	0.4514
Obs × R-squared	0.658732	Prob. Chi-Square（1）	0.4170

因此，在剔除 LNY_{t-1} 的情况下建立的模型（5 – 28），修正的可决系数值为 0.81，模型的拟和效果较好，并且不存在条件异方差和序列相关。但是模型中 LNY_{2t} 前的回归系数不显著，没有通过 t 检验。说明对农村居民的国内旅游消费起主要影响作用的是其上一期的旅游消费支出。上一期旅游消费支出增加 1%，则本期旅游消费支出增加 0.75%。本期的可支配收入前的系数为正，说明本期的可支配收入的增加会促进本期旅游消费。

5.3.3　结论

（1）对于城镇居民而言，由模型（5 – 20）~（5 – 23）可知，其本期的国内旅游花费受上一期旅游平均花费、本期以及上一期人均可支配收入的影响。对城镇居民的国内旅游消费起主要影响作用的是其上一期的旅游消费支出，上一期旅游消费支出的增加会导致本期旅游消费的增加，说明人们的旅游消费习惯存在一定的"惯性"。上一期的可支配收入、本期的可支配收入和本期的旅游消费存在反向的关系，即可支配收入的增加抑制了城镇居民的旅游消费，这正好与农村居民的情况相反，可能是因为对城镇居民而言，旅游消费需要有闲暇时间，而收入的增加意味着需付出更多的劳动时间，导致闲暇时间减少，从而抑制了人们的消费。

（2）对于农村居民而言，由模型（5 – 26）、模型（5 – 28）可知，其本期的国内旅游花费受上一期旅游平均花费、本期以及上一期人均可支配收入的影响。对农村居民的国内旅游消费起主要影响作用的是上一期的旅游消费支出，上一期旅游消费支出的增加会导致本期旅游消费的增加，说明人们的旅游消费习惯存在一定的"惯性",增加农村居民的可支配收入能有效促进其旅游消费支出的增加。

5.4　持久收入假说旅游消费函数构建

5.4.1　指标选取及数据说明

根据模型（5-25），选取 3 个指标，分别为国内旅游平均花费、持久收入和暂时收入。选取 1994～2017 年的城乡居民旅游人均消费和人均可支配收入数据进行分析。原始数据均来源于 2017 年、2018 年《中国统计年鉴》和年度统计公告。以 1994 年为基期的价格指数对 1994～2017 年城乡居民人均可支配收入和人均旅游消费数据进行平减，以消除物价因素的影响（价格指数来自 2017 年、2018 年《中国统计年鉴》和《年度统计公告》），并用式（5-23）、式（5-24）计算出 1994～2017 年我国城乡居民持久收入和暂时收入，具体数据如表 5-34 所示。

表 5-34　　　　　我国城乡居民的实际人均可支配收入、持久收入、
　　　　　　　　　暂时收入与人均旅游消费数据　　　　　　　　单位：元

年份	城镇居民人均旅游消费 C_{1t}	城镇居民人均可支配收入 Y_{1t}	城镇居民持久收入 Y_{1t}^P	城镇居民暂时收入 Y_{1t}^T	农村居民人均旅游消费 C_{2t}	农村居民人均可支配收入 Y_{2t}	农村居民持久收入 Y_{2t}^P	农村居民暂时收入 Y_{2t}^T
1994	414.67	3496.2000	—	—	54.90	1221.0000	—	—
1995	432.83662	4083.8250	—	—	57.5821	1498.3215	—	—
1996	481.97548	4441.0064	4007.01	434.00	57.642899	1678.2546	1465.86	212.40
1997	529.45309	4579.5801	4368.14	211.44	115.55231	1741.1924	1639.26	101.94
1998	506.23125	4551.8875	4524.16	27.73	154.38941	1726.8507	1715.43	11.42
1999	478.9567	4493.6016	4541.69	-48.09	186.03305	1700.5539	1722.87	-22.31
2000	1089.6954	4530.3727	4525.29	5.09	250.46485	1698.2077	1708.54	-10.33
2001	1096.0087	4560.9831	4528.32	32.66	224.67349	1711.4940	1703.42	8.08

续表

年份	城镇居民人均旅游消费 C_{1t}	城镇居民人均可支配收入 Y_{1t}	城镇居民持久收入 Y_{1t}^P	城镇居民暂时收入 Y_{1t}^T	农村居民人均旅游消费 C_{2t}	农村居民人均可支配收入 Y_{2t}	农村居民持久收入 Y_{2t}^P	农村居民暂时收入 Y_{2t}^T
2002	1076. 6219	4515. 9832	4535. 78	−19. 80	207. 25815	1708. 3938	1706. 03	2. 36
2003	963. 19979	4557. 1414	4544. 70	12. 44	189. 52671	1734. 9572	1718. 28	16. 68
2004	971. 21899	4705. 6999	4592. 94	112. 76	191. 64011	1819. 2696	1754. 21	65. 06
2005	901. 73928	4781. 7952	4681. 55	100. 25	194. 32193	1898. 7351	1817. 65	81. 08
2006	879. 83993	4853. 1826	4780. 23	72. 96	176. 53461	1948. 3288	1888. 78	59. 55
2007	933. 18737	5070. 976	4901. 98	168. 99	162. 81098	2053. 8504	1966. 97	86. 88
2008	820. 63005	5355. 0501	5093. 07	261. 98	188. 29974	2186. 5845	2062. 92	123. 66
2009	716. 92130	5309. 2954	5245. 11	64. 19	184. 81257	2181. 4609	2140. 63	40. 83
2010	732. 56794	5480. 2041	5381. 52	98. 69	178. 37371	2259. 3863	2209. 14	50. 24
2011	672. 92596	5769. 6868	5519. 73	249. 96	243. 33536	2390. 7987	2277. 22	113. 58
2012	653. 91956	5929. 6368	5726. 51	203. 13	232. 79122	2450. 4521	2366. 88	83. 57
2013	642. 8493	6080. 7397	5926. 69	154. 05	226. 61287	2519. 2957	2453. 52	65. 78
2014	627. 14976	6205. 9872	6072. 12	133. 87	214. 66809	2565. 3381	2511. 70	53. 64
2015	601. 12828	6299. 1486	6195. 29	103. 86	201. 05395	2598. 6862	2561. 11	37. 58
2016	584. 85538	6426. 0802	6310. 41	115. 67	191. 72512	2646. 1351	2603. 39	42. 75
2017	568. 46210	6535. 0728	6420. 10	114. 97	186. 78046	2680. 5934	2641. 80	38. 79

资料来源：2017 年、2018 年《中国统计年鉴》和《年度统计公告》。

5.4.2　模型估计

为了避免由非平稳序列建立模型而带来的虚假回归问题，首先要检验时间序列的平稳性，即进行单位根检验。

5.4.2.1　变量的单位根检验

根据 ADF 检验法，运用软件 Eviews8.0 进行单位根检验，以此确定时间序列的平稳性，滞后期的选择根据施瓦茨准则确定，单位根的检验结果见表 5-35。

表 5-35　　　　　　　城乡居民国内旅游消费与收入的单位根检验

变量	检验类型 (c, t, l)	ADF 统计量	临界值 （10%）	变量	检验类型 (c, t, l)	ADF 统计量	临界值 （10%）
C_{1t}	c, t, 0	-1.710466	-3.248592	C_{2t}	c, t, 3	-3.948395	-3.268973
	c, 0, 0	-1.839309	-2.638752				
	0, 0, 0	-0.273339	-1.608495				
Y_{1t}^P	c, t, 3	-3.642168	-3.286909	Y_{2t}^P	c, t, 1	-7.775447	-3.268973
Y_{1t}^T	c, t, 2	-2.760332	-3.277364	Y_{2t}^T	c, t, 3	-1.666058	-3.286909
	c, 0, 2	-1.733365	-2.655194		c, 0, 3	-2.661553	-2.660551
	0, 0, 2	-0.947897	-1.607056		0, 0, 2	-0.951127	-1.607051
$\triangle C_{1t}$	c, t, 0	-4.795048	-3.254671				
$\triangle Y_{1t}^T$	c, t, 1	-5.059633	-3.277364	$\triangle Y_{2t}^T$	c, t, 1	-4.468649	-3.277364
$\ln C_{1t}$	c, t, 0	-1.698243	-3.248592	$\ln C_{2t}$	c, t, 3	-4.542572	-3.268973
	c, 0, 0	-1.985163	-2.638752				
	0, 0, 0	0.265881	-1.608495				
$\ln Y_{1t}^P$	c, t, 3	-3.560874	-3.286909	$\ln Y_{2t}^P$	c, t, 1	7.588686	-3.268973
$\ln Y_{1t}^T$	c, t, 1	-4.025336	-3.342253	$\ln Y_{2t}^T$	c, t, 2	-2.865951	-3.342253
					c, 0, 0	-2.588555	-2.660551
					0, 0, 3	-0.301826	-1.603693
$\triangle \ln C_{1t}$	c, t, 0	-5.007206	-3.254671	$\triangle \ln C_{2t}$	c, t, 0	-4.032830	-3.254671
$\triangle \ln Y_{1t}^P$	c, t, 0	-6.184872	-3.268973	$\triangle \ln Y_{2t}^P$	c, t, 1	-4.756273	-3.342253
$\triangle \ln Y_{1t}^T$	c, t, 4	-5.847266	-3.515047	$\triangle \ln Y_{2t}^T$	c, t, 1	-4.756273	-3.342253

注：c，t 表示带有常数项和趋势项，L 表示采用的滞后阶数，△表示一阶差分，$\triangle^2$ 表示二阶差分。

结果显示，C_{1t} 序列的 ADF 值在带趋势项和截距项、带截距项以及不带截距项的情况下，其值分别为 -710466、-1.839309 和 -0.273339，大于 10% 显著水平下的临界值 -3.248592、-2.638752 和 -1.608495，因此，不拒绝 C_{1t} 存在单位根的原假设，C_{1t} 序列是非平稳时间序列。C_{2t} 序列的 ADF 值为 -3.948395，小于 10% 显著水平下的临界值 -3.268973，说明 C_{2t} 序列是平稳时间序列。

综上所述，C_{1t} 序列是非平稳时间序列，C_{2t} 序列是平稳时间序列。同理，Y_{1t}^P 和 Y_{2t}^P 是平稳时间序列，Y_{1t}^T 和 Y_{2t}^T 是非平稳时间序列。对 C_{1t}、Y_{1t}^T 和 Y_{2t}^T 的一阶差分进行 ADF 单位根检验，检验结果表明，$\triangle C_{1t}$、$\triangle Y_{1t}^T$ 和 $\triangle Y_{2t}^T$ 不存在单位根，是平稳的，所以 C_{1t}、Y_{1t}^T 和 Y_{2t}^T 序列是一阶单整的，即 $C_{1t} \sim I(1)$，$Y_{1t}^T \sim I(1)$，$Y_{2t}^T \sim I(1)$。

对 C_{1t}、Y_{1t}^P 和 Y_{1t}^T 分别取对数并进行 ADF 单位根检验，检验结果表明，$\ln Y_{1t}^T$ 和 $\ln Y_{1t}^P$ 不存在单位根，是平稳时间序列；$\ln C_{1t}$ 存在单位根，是非平稳的。再对 $\ln C_{1t}$ 的一阶差分进行 ADF 单位根检验，不存在单位根，因此，$\ln C_{1t}$ 是一阶单整的，即 $\ln C_{1t} \sim I(1)$。

对 C_{2t}、Y_{2t}^P 和 Y_{2t}^T 分别取对数并进行 ADF 单位根检验，检验结果表明，$\ln C_{2t}$ 和 $\ln Y_{2t}^P$ 都不存在单位根，因此，$\ln C_{2t}$ 和 $\ln Y_{2t}^P$ 都是平稳时间序列。$\ln Y_{2t}^T$ 存在单位根，是非平稳的。再对 $\ln Y_{2t}^T$ 的一阶差分进行 ADF 单位根检验，不存在单位根，因此，$\ln Y_{2t}^T$ 是一阶单整的，即 $\ln Y_{2t}^T \sim I(1)$。

5.4.2.2　回归分析及模型检验

对城镇居民而言，根据式（5-25），对 C_{1t} 和 Y_{1t}^T 取对数并进行一阶差分得城镇居民旅游消费模型：

$$\Delta LNC_{1t} = \beta_0 + \beta_1 Y_{1t}^P + \beta_2 \Delta LNY_{1t}^T + \varepsilon_{1,t} \qquad (5-29)$$

由于序列 Y_{1t}^P、ΔLNC_{1t} 和 ΔLNY_{1t}^T 是平稳序列，可利用 OLS 法直接进行回归分析，由于常数项不显著，将其剔除，得到城镇居民国内旅游回归方程式：

$$\Delta L\hat{N}C_{1t} = (-5.62E-06)Y_{1t}^P + 0.013833\Delta LNY_{1t}^T \qquad (5-30)$$
$$(2.63E-06) \qquad\qquad (0.013988)$$
$$t = (-2.136577) \qquad\qquad (0.988902)$$
$$R^2 = 0.084021 \qquad \overline{R}^2 = 0.022956 \qquad DW = 2.105060$$

由变量 Y_{1t}^P 和 ΔLNY_{1t}^T 的相关系数可知（见表 5-36），可判定模型不存在多重共线性，继续进行下一步异方差检验。

表 5 – 36 变量 Y_{1t}^P 和 $\triangle LNY_{1t}^T$ 的相关系数

	Y_{1t}^P	$\triangle LNY_{1t}^T$
Y_{1t}^P	1. 000000	– 0. 097968
$\triangle LNY_{1t}^T$	– 0. 097968	1. 000000

进行 White 异方差检验，在 0.05 的置信水平下，临界值 $\chi_{0.05}^2(3) =$ 7. 81473 > nR^2 = 5. 958869，表明模型不存在异方差，检验结果如表 5 – 37 所示。

表 5 – 37 城镇居民国内旅游消费的 **White** 异方差检验

Heteroskedasticity Test：White			
F-statistic	2. 338688	Prob. F （3，13）	0. 1211
Obs × R-squared	5. 958869	Prob. Chi-Square （3）	0. 1136
Scaled explained SS	5. 686614	Prob. Chi-Square （3）	0. 1279

进行序列相关检验，通过偏相关系数，可判定不存在序列相关。结果如图 5 – 8 所示。

Autocorrelation	Partial Correlation		AC	PAC	Q-Stat	Prob
		1	-0.092	-0.092	0.1712	0.679
		2	-0.208	-0.219	1.1071	0.575
		3	0.302	0.274	3.2110	0.360
		4	-0.036	-0.039	3.2437	0.518
		5	-0.116	-0.006	3.6046	0.608
		6	0.084	-0.021	3.8128	0.702
		7	0.006	0.007	3.8138	0.801
		8	-0.174	-0.148	4.9026	0.768
		9	0.014	-0.021	4.9109	0.842
		10	0.180	0.141	6.4134	0.779
		11	-0.289	-0.230	10.899	0.452
		12	-0.218	-0.233	13.979	0.302

图 5 – 8 城镇居民国内旅游消费的相关系数检验

进一步进行 B – G 序列相关检验，在 0.05 的置信水平下，临界值 $\chi_{0.05}^2(1) =$ 3. 84146 > nR^2 = 0148301，故可判定不存在序列相关，检验结果如表 5 – 38 所示。

表 5 - 38　　　　　　城镇居民国内旅游消费的 B - G 序列相关检验

Breusch-Godfrey Serial Correlation LM Test：

F-statistic	0. 127597	Prob. F (1, 14)	0. 7263
Obs × R-squared	0. 148301	Prob. Chi-Square (1)	0. 7002

对农村居民而言，根据式（5 - 25），对 Y_{2t}^T 取对数并进行一阶差分可得农村居民旅游消费模型：

$$C_{2t} = \beta_0 + \beta_1 Y_{2t}^p + \beta_2 \Delta LNY_{2t}^T + \varepsilon_{2t} \qquad (5 - 31)$$

序列 Y_{2t}^p、C_{2t} 和 ΔLNY_{2t}^T 是平稳序列，可利用 OLS 法直接进行回归分析，由于常数项不显著，因此，将其剔除得出不带截距项的农村居民国内旅游回归方程式：

$$\hat{C}_{2t} = 0. 89527 Y_{2t}^p + 7. 303154 \Delta LNY_{2t}^T \qquad (5 - 32)$$

$$(0. 003313) \quad (7. 713724)$$

$$t = (27. 01937) \quad (0. 946774)$$

$$R^2 = 0. 037036 \qquad \overline{R}^2 = -0. 023149 \qquad DW = 0. 711659$$

由变量 LNY_{2t}^p 和 ΔLNY_{2t}^T 的相关系数可知（见表 5 - 39），模型不存在多重共线性。

表 5 - 39　　　　　　变量 Y_{2t}^p 和 ΔLNY_{2t}^T 的相关系数

	Y_{2t}^p	ΔLNY_{2t}^T
Y_{2t}^p	1. 000000	0. 022232
ΔLNY_{2t}^T	0. 022232	1. 000000

进行 White 异方差检验，$\chi_{0.05}^2 (3) = 7. 81 > nR^2 = 0. 27028$，表明模型不存在异方差，检验结果如表 5 - 40 所示。

表 5 - 40　　　　　　农村居民国内旅游消费的 White 异方差检验

Heteroskedasticity Test：White

F-statistic	0. 071100	Prob. F (3, 14)	0. 9745
Obs × R-squared	0. 270128	Prob. Chi-Square (3)	0. 9655
Scaled explained SS	0. 165811	Prob. Chi-Square (3)	0. 9829

进行序列相关检验，通过偏相关系数可知，可判定存在一阶序列相关。结果如图 5 - 9 所示。

Autocorrelation	Partial Correlation		AC	PAC	Q-Stat	Prob
		1	0.403	0.403	3.4356	0.064
		2	0.195	0.039	4.2899	0.117
		3	0.066	-0.030	4.3942	0.222
		4	-0.122	-0.174	4.7769	0.311
		5	-0.367	-0.322	8.5000	0.131
		6	-0.032	0.320	8.5316	0.202
		7	0.144	0.236	9.2095	0.238
		8	-0.022	-0.268	9.2277	0.323
		9	0.164	0.124	10.306	0.326
		10	0.105	-0.142	10.798	0.373
		11	-0.142	-0.108	11.841	0.376
		12	-0.275	-0.048	16.366	0.175

图 5 - 9　农村居民国内旅游消费的相关系数检验

采用广义差分法进行修正，修正之后的方程为：

$$\hat{C}_{2t} = 0.084801Y_{2t}^{p} - 0.383295\Delta LNY_{2t}^{T} + AR(1) \qquad (5-33)$$

$$(0.007440) \quad (5.585130) \qquad AR = 0.653767$$

$$t = (11.39866) \quad (-0.068628) \quad (3.330565)$$

$$R^2 = 0.326320 \qquad \overline{R}^2 = 0.22677 \qquad DW = 1.801121$$

再进行序列相关检验，由于偏相关系数在 0 附近波动，因此，可判定已不存在序列相关。

结果如图 5 - 10 所示。

Autocorrelation	Partial Correlation		AC	PAC	Q-Stat	Prob*
		1	0.034	0.034	0.0223	
		2	-0.069	-0.070	0.1201	0.729
		3	0.130	0.135	0.4920	0.782
		4	-0.243	-0.265	1.9058	0.592
		5	-0.252	-0.221	3.5647	0.468
		6	-0.015	-0.058	3.5710	0.613
		7	0.208	0.280	4.9604	0.549
		8	0.017	0.006	4.9713	0.663
		9	-0.053	-0.177	5.0866	0.748
		10	0.084	-0.077	5.4232	0.796
		11	-0.073	0.046	5.7296	0.837
		12	-0.134	0.040	7.0156	0.798

图 5 - 10　农村居民国内旅游消费的相关系数检验

进行 B—G 检验，在 0.05 的置信水平下，临界值 $\chi^2_{0.05}(1) = 3.84146 >$ $nR^2 = 0.013313$，故可判定不存在序列相关，检验结果如表 5-41 所示。

表 5-41　　　　农村居民国内旅游消费的 B—G 序列相关检验

Breusch-Godfrey Serial Correlation LM Test:			
F-statistic	0.046125	Prob. F (1, 12)	0.8336
Obs × R-squared	0.013313	Prob. Chi-Square (1)	0.9081

5.4.3　结论

（1）对城镇居民而言，由模型（5-30）可知，持久收入的增加不会增加旅游消费，而是用来储蓄，暂时收入的增加则对其旅游消费有正向的促进作用。对于农村居民来说，由模型（5-33）可知持久收入旅游边际消费为正，暂时收入前的回归系数为负，农村居民会将其收入中持久收入变动的部分用于旅游消费，暂时收入的变动部分会储蓄起来。

（2）由于城乡居民持久收入前的参数显著，通过 t 检验，而暂时收入前的参数则不显著，没有通过 t 检验，则说明对城乡居民而言，其旅游消费更容易受到持久收入的影响。

（3）基于持久收入假说下的城乡居民的旅游消费模型整体拟和效果不好，说明持久收入假说不太适用当前我国城乡居民的旅游消费形势。

5.5　预防性储蓄假说和流动性约束假说旅游消费函数实证检验

对于预防性储蓄和流动性约束旅游消费函数，由上面推导建立模型如下：

$$\Delta \ln C_{i,t+1} = \beta_{it} + \beta_1 (\Delta \ln C_{i,t+1})^2 + \beta_2 \Delta \ln Y_{i,t+1} + \eta_{it} \qquad (5-34)$$

$$\Delta \ln C_{i,t+1} = \gamma_{it} + \gamma_1 (\Delta \ln C_{i,t+1}^{NT})^2 + \gamma_2 (\Delta \ln C_{i,t+1}^{T})^2 + \gamma_3 \Delta \ln Y_{i,t+1} + \mu_{it}$$

$$(5-35)$$

其中，$\beta_1 = \dfrac{\rho}{2}$，$\gamma_1 = \dfrac{\rho\left(\dfrac{C_{t+1}^{NT}}{C_t}\right)^2}{2}$，$\gamma_2 = \dfrac{\rho\left(\dfrac{C_{t+1}^T}{C_t}\right)^2}{2}$，$\mu_i$ 和 η_i 均为随机扰动项；Δ 表示对序列一次差分；$\ln$ 表示对序列取自然对数；i 为地区下标，t 为时间下标。

模型中的 $\rho = 2\beta_1$ 表示居民总的预防性储蓄动机，$2\gamma_1$ 和 $2\gamma_2$ 分别表示非旅游波动和旅游波动产生的预防性储蓄动机；信息损失部分 $2(\beta_1 - \gamma_1 - \gamma_2)$ 反映了非旅游支出和旅游支出交互作用及其他因素对居民储蓄的影响。

5.5.1　指标选取及数据说明

本书选取 1994 ~ 2016 年我国的城乡居民的人均可支配收入 Y_t、人均消费支出 C_t 及人均旅游消费 C_t^T 等数据，居民非旅游消费 C_t^{NT} 采用人均消费支出减去人均旅游消费计算而得。

2015 年以前的城镇和农村人均可支配收入和指数数据来源于 2017 年《中国统计年鉴》，2016 年和 2017 年的城镇和农村人均可支配收入和指数数据来源于 2018 年《中国统计年鉴》。城镇和农村旅游消费数据来源于 2018 年《中国统计年鉴》。2000 ~ 2017 年的城镇和农村居民的人均消费和指数来源于 2018 年《中国统计年鉴》的居民消费水平，此数据是按常住人口计算的人均消费水平。1994 ~ 1999 年的数据来源于《新中国 60 年统计资料汇编》。

模型中的人均可支配收入根据居民可支配收入价格指数调整成以 1994 年为基期的实际数据，人均旅游消费支出和人均消费支出根据消费价格指数调整成以 1994 年为基期的实际数据。其中，1994 年为基期的指数均采用《中国统计年鉴》中 1978 年为基期的指数计算而得。原始数据见表 5 - 42 和表 5 - 43。

表 5 - 42　　　1994 ~ 2017 年我国城乡居民旅游消费、总消费和收入原始数据

年份	城镇人均可支配收入绝对数（元）	城镇人均可支配收入指数（1994 = 100）	农村人均可支配收入绝对数（元）	农村人均可支配收入指数（1994 = 100）	城镇人均旅游消费（元）	农村人均旅游消费（元）	城镇人均消费水平（元）	农村人均消费水平（元）	城镇人均消费价格指数（1994 年 = 100）	农村人均消费水平（1994 年 = 100）
1994	3496.2	100.0	1221.0	100.0	414.67	54.9	3852	1038	100.0	100.0
1995	4283.0	104.9	1577.7	105.3	464.02	61.5	4931	1313	107.2	106.8
1996	4838.9	109.0	1926.1	114.8	534.1	70.5	5532	1626	110.8	122.3

续表

年份	城镇人均可支配收入绝对数（元）	城镇人均可支配收入指数（1994 = 100）	农村人均可支配收入绝对数（元）	农村人均可支配收入指数（1994 = 100）	城镇人均旅游消费（元）	农村人均旅游消费（元）	城镇人均消费水平（元）	农村人均消费水平（元）	城镇人均消费价格指数（1994 年 = 100）	农村人均消费水平（1994 年 = 100）
1997	5160. 3	112. 7	2090. 1	120. 0	599. 8	145. 7	5823	1722	113. 3	126. 1
1998	5425. 1	119. 2	2162. 0	125. 2	607	197	6109	1730	119. 9	127. 6
1999	5854. 0	130. 3	2210. 3	130. 0	614. 8	249. 5	6405	1766	128. 4	134. 1
2000	6280. 0	138. 6	2253. 4	132. 7	678. 6	226. 6	6999	1917	62. 3	90. 5
2001	6859. 6	150. 4	2366. 4	138. 3	708. 3	212. 7	7324	2032	64. 6	94. 7
2002	7702. 8	170. 6	2475. 6	144. 9	739. 7	209. 1	7745	2157	68. 7	100. 9
2003	8472. 2	185. 9	2622. 2	151. 1	684. 9	200	8104	2292	71. 1	105. 5
2004	9421. 6	200. 2	2936. 4	161. 4	731. 8	210. 2	8880	2521	75. 3	109. 7
2005	10493. 0	219. 4	3254. 9	171. 4	737. 1	227. 6	9832	2784	81. 7	117. 1
2006	11759. 5	242. 3	3587. 0	184. 1	766. 4	221. 9	10739	3066	87. 1	125. 7
2007	13785. 8	271. 9	4140. 4	201. 6	906. 9	222. 5	12480	3538	97. 2	136. 7
2008	15780. 8	294. 7	4760. 6	217. 7	849. 36	275. 3	14061	4065	103. 5	146. 2
2009	17174. 7	323. 5	5153. 2	236. 2	801. 1	295. 3	15127	4402	111. 7	159. 8
2010	19109. 4	348. 7	5919. 0	262. 0	883	306	17104	4941	120. 1	171. 5
2011	21809. 8	378. 0	6977. 3	291. 8	877. 8	471. 4	19912	6187	130. 4	193. 7
2012	24564. 7	414. 3	7916. 6	323. 1	914. 5	491	21861	6964	139. 8	210. 9
2013	26955. 1	443. 3	8895. 9	353. 1	946. 6	518. 9	23609	7773	147. 3	229. 0
2014	29381. 0	473. 4	9892. 0	385. 6	975. 4	540. 2	25424	8711	155. 5	251. 6
2015	31790. 3	504. 7	10772. 0	414. 5	985. 5	554. 2	27210	9679	163. 9	275. 5
2016	33616. 2	523. 1	12363. 4	467. 2	1009. 1	576. 4	29219	10752	172. 5	300. 6
2017	36396. 2	556. 9	13432. 4	501. 1	1024. 6	603. 3	31032	11704	180. 2	323. 0

资料来源：国家统计局网站，其中，1994～1999 年的数据来源于《新中国 60 年统计资料汇编》。

表 5 - 43　　　　1994～2017 年我国城乡居民旅游消费、总消费和收入

（以 1994 年为基期的价格指数计算的实际数据）　　　单位：元

年份	城镇居民人均可支配收入	农村居民人均可支配收入	城镇居民人均旅游消费	农村居民人均旅游消费	城镇居民人均消费水平	农村居民人均消费水平
1994	3496. 2	1221	414. 67	54. 9	3852	1038
1995	4083. 825	1498. 3215	432. 83662	57. 5821	4599. 6236	1229. 3544
1996	4441. 0064	1678. 2546	481. 97548	57. 642899	4992. 1145	1329. 466
1997	4579. 5801	1741. 1924	529. 45309	115. 55231	5140. 0556	1365. 6903

年份	城镇居民人均可支配收入	农村居民人均可支配收入	城镇居民人均旅游消费	农村居民人均旅游消费	城镇居民人均消费水平	农村居民人均消费水平
1998	4551.8875	1726.8507	506.23125	154.38941	5094.8381	1355.8055
1999	4493.6016	1700.5539	478.9567	186.03305	4989.7815	1316.771
2000	4530.3727	1698.2077	1089.6954	250.46485	11239.534	2118.9294
2001	4560.9831	1711.494	1096.0087	224.67349	11332.841	2146.496
2002	4515.9832	1708.3938	1076.6219	207.25815	11273.415	2137.687
2003	4557.1414	1734.9572	963.19979	189.52671	11397.002	2172.1494
2004	4705.6999	1819.2696	971.21899	191.64011	11784.671	2298.75
2005	4781.7952	1898.7351	901.73928	194.32193	12028.329	2376.636
2006	4853.1826	1948.3288	879.83993	176.53461	12328.297	2438.8114
2007	5070.976	2053.8504	933.18737	162.81098	12841.412	2588.7631
2008	5355.0501	2186.5845	820.63005	188.29974	13584.917	2780.4363
2009	5309.2954	2181.4609	716.9213	184.81257	13537.834	2754.8063
2010	5480.2041	2259.3863	732.56794	178.37371	14189.7	2880.12
2011	5769.6868	2390.7987	672.92596	243.33536	15264.448	3193.9655
2012	5929.6368	2450.4521	653.91956	232.79122	15632.028	3301.6983
2013	6080.7397	2519.2957	642.8493	226.61287	16033.172	3394.7773
2014	6205.9872	2565.3381	627.14976	214.66809	16346.935	3461.4855
2015	6299.1486	2598.6862	601.12828	201.05395	16597.144	3511.2979
2016	6426.0802	2646.1351	584.85538	191.72512	16935.05	3576.317
2017	6535.0728	2680.5934	568.4621	186.78046	17216.978	3623.5348

资料来源：根据原始数据计算得出。

5.5.2 模型估计

5.5.2.1 数据平稳性检验

首先对各变量进行单位根检验，判断变量单位根的常用方法是通过 ADF 检验进行分析，检验结果如表 5-44 和表 5-45 所示。可见，在 1%、5% 和 10% 的显著性水平下，收入增长率 ΔlnY_t、消费支出增长率 ΔlnC、消费支出

增长率平方序列 $(\Delta \ln C)^2$、旅游消费平方序列 $(\Delta \ln C_t^T)^2$ 和非旅游消费平方序列 $(\Delta \ln C_t^{NT})^2$ 都是平稳的。

表 5-44　　　　　　　　　城镇居民各单位根检验平稳表

指标	$\Delta \ln Y_t$	$\Delta \ln C_t$	$(\Delta \ln C_t)^2$	$(\Delta \ln C_t^T)^2$	$(\Delta \ln C_t^{NT})^2$
检验类型	(c, T, 4)	(0, 0, 4)	(0, 0, 4)	(0, 0, 4)	(0, 0, 4)
ADF 值	-4.312911	-4.568033	-4.581782	-4.556302	-4.584467
1% 临界值	-4.498307	-2.674290	-2.674290	-2.674290	-2.674290
5% 临界值	-3.658446	-1.957204	-1.957204	-1.957204	-1.957204
10% 临界值	-3.268973	-1.608175	-1.608175	-1.608175	-1.608175
平稳性	**	***	***	***	***

注：**、*** 分别表示通过了 10%、1% 的显著性水平。在残差单位根检验中，C 表示含有漂移项，T 表示含有趋势项，0 分别表示无趋势项和原序列。

表 5-45　　　　　　　　　农村居民各单位根检验平稳表

指标	$\Delta \ln Y_t$	$\Delta \ln C_t$	$(\Delta \ln C_t)^2$	$(\Delta \ln C_t^T)^2$	$(\Delta \ln C_t^{NT})^2$
检验类型	(0, 0, 4)	(0, 0, 4)	(C, t, 4)	(c, 0, 4)	(c, 0, 4)
ADF 值	-2.054685	-4.411316	-4.923023	-7.726209	-4.870257
1% 临界值	-2.685718	-2.674290	-4.440739	-3.808546	-4.440739
5% 临界值	-1.959071	-1.957204	-3.632896	-3.020686	-3.632896
10% 临界值	-1.607456	-1.608175	-3.254671	-2.650413	-3.254671
平稳性	**	***	***	***	***

注：**、*** 分别表示通过了 10%、1% 的显著性水平。在残差单位根检验中，C 表示含有漂移项，T 表示含有趋势项，0 分别表示无趋势项和原序列。

5.5.2.2　模型回归

由于数据均是平稳序列，我们对模型（1）和模型（2），即式（5-34）和式（5-35）分别进行 OLS 回归。结果如表 5-46 所示。

表 5-46　　　　　　　　　　　模型回归结果

模型（1）			模型（2）		
变量	城镇	农村	变量	城镇	农村
$\Delta \ln Y_t$	0.910799	0.605994	$\Delta \ln Y_t$	0.908118	0.627620
$(\Delta \ln C_t)^2$	2.800634	4.770980	$(\Delta \ln C_t^T)^2$	0.383028	0.013528

模型（1）			模型（2）		
变量	城镇	农村	变量	城镇	农村
			$(\Delta\ln C_t^{NT})^2$	2.416852	4.276246
β_0	0.001067	0.003163	β_0	0.000778	0.002725
R^2	0.998677	0.980932	R^2	0.998708	0.976738
$\overline{R}^2$	0.998545	0.979025	$\overline{R}^2$	0.998504	0.973065
F 统计量	7549.242	514.4416	F 统计量	4896.746	265.9233
DW 值	1.239835	1.343619	DW 值	1.286110	1.340819

农村模型：

$$\Delta\ln C_{i,t+1} = 0.003163 + 4.770980(\Delta\ln C_{i,t+1})^2 - 0.605994\Delta\ln Y_{i,t+1} \quad (5-36)$$

$$se = (0.001706) \qquad (0.153111) \qquad (0.066807)$$

$$t = (1.854602) \qquad (31.16023) \qquad (9.070829)$$

$$\overline{R}^2 = 0.979025 \qquad R^2 = 0.980932 \qquad F = 514.4416 \qquad DW = 1.343619$$

$$\Delta\ln C_{i,t+1} = 0.002715 + 4.276245(\Delta\ln C_{i,t+1}^{NT})^2 + 0.013528(\Delta\ln C_{i,t+1}^T)^2 - 0.627620\Delta\ln Y_{i,t+1}$$

$$(5-37)$$

$$se = (0.002021) \qquad (0.156668) \qquad (0.080506) \qquad (0.075813)$$

$$t = (1.348135) \qquad (27.29488) \qquad (0.168031) \qquad (8.278560)$$

$$\overline{R}^2 = 0.976738 \qquad \overline{R}^2 = 0.973065 \qquad F = 265.9233 \qquad DW = 1.340819$$

城镇模型：

$$\Delta\ln C_{i,t+1} = 0.001067 + 2.800634(\Delta\ln C_{i,t+1})^2 + 0.910799\Delta\ln Y_{i,t+1} \quad (5-38)$$

$$se = (0.000751) \qquad (0.022965) \qquad (0.038046)$$

$$t = (1.419606) \qquad (121.9500) \qquad (23.93958)$$

$$\overline{R}^2 = 0.998545 \qquad R^2 = 0.998677 \qquad F = 7549.242 \qquad DW = 1.239835$$

$$\Delta\ln C_{i,t+1} = -0.000778 + 2.416852(\Delta\ln C_{i,t+1}^{NT})^2 + 0.383028(\Delta\ln C_{i,t+1}^T)^2 + 0.908118\Delta\ln Y_{i,t+1}$$

$$(5-39)$$

$$se = (0.004239) \qquad (0.455499) \qquad (0.464762) \qquad (0.052719)$$

$$t = (0.824180) \qquad (0.840897) \qquad (5.200195) \qquad (17.22549)$$

$$\overline{R}^2 = 0.998545 \qquad R^2 = 0.998504 \qquad F = 4896.746 \qquad DW = 1.286110$$

从两个模型来看，城镇和农村模型的 $\overline{R}^2$ 均在 0.97 以上，模型拟合效果均较好，选择的解释变量能较好地解释消费支出的变动。分地区来看，城镇数据的拟合效果要好于农村。

5.5.2.3　模型检验

（1）T 检验。对回归系数的 t 检验：针对 $H_0：\beta_1 = 0$ 和 $H_0：\beta_2 = 0$，模型（1）城镇数据估计的回归系数 β_1、β_2 的标准误差和 t 值见表 5 - 47。取 $\alpha = 0.05$，查表可得 $t_{0.025}(23) = 2.069$。因为 $t(\hat{\beta}_1) = 121.9500 > t_{0.025}(23) = 2.069$，所以拒绝 $H_0：\alpha_1' = 0$。因为 $t(\hat{\beta}_2) = 23.93958 < t_{0.025}(23) = 2.069$，所以拒绝 $H_0：\alpha_1' = 0$。这说明模型（1）的数据通过了 T 检验。农村 $t(\hat{\beta}_1) = 31.16023$、$t(\hat{\beta}_2) = 9.070829$，取 $\alpha = 0.05$，$t_{0.025}(23) = 2.069$，则 β_1 和 β_2 的 t 值均大于 $t_{0.025}(23) = 2.069$，所以拒绝原假设，这说明模型（1）的城镇数据通过了 T 检验。

表 5 -47　　　　　　　　　　模型（1）的 T 检验表

变量	城镇	农村	$t_{0.025}(23)$
$SE(\hat{\beta}_1)$	0.022965	0.153111	
$t(\hat{\beta}_1)$	121.9500	31.16023	2.069
$SE(\hat{\beta}_2)$	0.038046	0.066807	
$t(\hat{\beta}_2)$	23.93958	9.070829	2.069
检验	β_1 通过 T 检验 β_2 通过 T 检验	β_1 通过 T 检验 β_2 通过 T 检验	

模型（1）农村和城镇估计的回归系数 γ_1、γ_2 和 γ_3 的标准误差和 t 值见表 5 - 48。取 $\alpha = 0.05$，查表可得 $t_{0.025}(23) = 2.069$，农村模型的 $t(\hat{\gamma}_1) = 0.168031$、$t(\hat{\gamma}_2) = 27.29488$ 和 $t(\hat{\gamma}_3) = 8.278560$，则 λ_2 的 t 值大于 $t_{0.025}(23) = 2.069$。γ_2 和 γ_3 值大于 $t_{0.025}(23) = 2.069$。这说明模型（2）的数据通过了 T 检验。城镇模型的 $t(\hat{\gamma}_1) = 0.840897$、$t(\hat{\gamma}_2) = 5.200195$ 和 $t(\hat{\gamma}_3) = 17.22549$，则 γ_2 和 γ_3 的 t 值均大于 $t_{0.025}(23) = 2.069$，所以拒绝原假设，这说明模型（2）的数据通过了 T 检验。

表 5 – 48　　　　　　　　　　　模型（2）的 T 检验表

变量	城镇	农村	$t_{0.025}(23)$
SE（$\hat{\gamma}_1$）	0.455499	0.080506	
t（$\hat{\gamma}_1$）	0.840897	0.168031	2.069
SE（$\hat{\gamma}_2$）	0.464762	0.156668	
t（$\hat{\gamma}_2$）	5.200195	27.29488	2.069
SE（$\hat{\gamma}_3$）	0.052719	0.075813	
t（$\hat{\gamma}_3$）	17.22549	8.278560	2.069
检验	γ_1 未通过 T 检验 γ_2 通过 T 检验 γ_3 通过 T 检验	γ_1 未通过 T 检验 γ_2 通过 T 检验 γ_3 通过 T 检验	

对模型（1）和模型（2）的城镇和农村数据 4 个方程均进行了 T 检验，检验结果表示，模型（1）城镇和农村数据中的 β_1 未通过检验，而模型（1）和模型（2）中其他所有变量均通过了检验。这说明模型（1）和模型（2）对城镇居民是显著的。

（2）White 检验。对于模型（1）White 检验可知，在 $\alpha = 0.05$ 下，查 χ^2 分布表，得临界值 $\chi^2_{0.05}(2) = 5.9915$，模型（1）城镇 $nR^2 = 20.71174$，模型（2）城镇 $nR^2 = 20.35115$，如图 5 – 11 和图 5 – 12 所示。这表明城镇居民的模型（1）和模型（2）拒绝原假设，表明模型存在异方差。

```
Heteroskedasticity Test: White

F-statistic              30.77440    Prob. F(5,17)          0.0000
Obs*R-squared            20.71174    Prob. Chi-Square(5)    0.0009
Scaled explained SS      30.98374    Prob. Chi-Square(5)    0.0000
```

模型（1）城镇

```
Heteroskedasticity Test: White

F-statistic              11.09769    Prob. F(9,13)          0.0001
Obs*R-squared            20.35115    Prob. Chi-Square(9)    0.0159
Scaled explained SS      27.11490    Prob. Chi-Square(9)    0.0013
```

模型（2）城镇

图 5 – 11　城镇居民国内旅游消费的 White 异方差检验

Heteroskedasticity Test: White			
F-statistic	2.222275	Prob. F(3,19)	0.1187
Obs*R-squared	5.974131	Prob. Chi-Square(3)	0.1129
Scaled explained SS	8.179554	Prob. Chi-Square(3)	0.0424

模型（1）农村

Heteroskedasticity Test: White			
F-statistic	118.5062	Prob. F(9,13)	0.0000
Obs*R-squared	22.72303	Prob. Chi-Square(9)	0.0068
Scaled explained SS	34.37765	Prob. Chi-Square(9)	0.0001

模型（2）农村

图 5 - 12　农村居民国内旅游消费的 White 异方差检验

对于模型（2）White 检验可知，在 $\alpha = 0.05$ 下，查 χ^2 分布表，得临界值 $\chi^2_{0.05}(3) = 7.81$，模型（1）农村 $nR^2 = 5.974131$，模型（2）农村 $nR^2 = 22.72303$，这表明农村居民的模型（2）拒绝原假设，表明模型（2）存在异方差，模型（1）不存在异方差。

通过 White 异方差稳健性对模型进行异方差的修正，修正后的模型分别如下所示。

农村模型：

$$\Delta lnC_{i,t+1} = 0.003163 + 4.770980(\Delta lnC_{i,t+1})^2 + 0.605994\Delta lnY_{i,t+1} \quad (5-40)$$

$$se = (0.001739) \qquad (0.039548) \qquad (0.094757)$$

$$t = (1.818917) \qquad (120.6385) \qquad (6.395246)$$

$$\overline{R}^2 = 0.979025 \qquad R^2 = 0.980932 \qquad F = 514.4416 \qquad DW = 1.343619$$

$$\Delta lnC_{i,t+1} = 0.002725 + 4.276245(\Delta lnC_{i,t+1}^{NT})^2 + 0.013528(\Delta lnC_{i,t+1}^{T})^2 + 0.627620\Delta lnY_{i,t+1}$$

$$(5-41)$$

$$se = (0.001893) \qquad (0.043790) \qquad (0.046512) \qquad (0.104909)$$

$$t = (1.439232) \qquad (97.65249) \qquad (0.290842) \qquad (5.982524)$$

$$\overline{R}^2 = 0.976738 \qquad \overline{R}^2 = 0.973065 \qquad F = 265.9233 \qquad DW = 1.340819$$

城镇模型：

$$\Delta lnC_{i,t+1} = 0.001067 + 2.800634(\Delta lnC_{i,t+1})^2 + 0.910799\Delta lnY_{i,t+1} \quad (5-42)$$

$$se = (0.000700) \qquad (0.005089) \qquad (0.036797)$$

$$t = (1.523637) \qquad (550.3455) \qquad (24.75167)$$

$$\overline{R}^2 = 0.998545 \qquad R^2 = 0.998677 \qquad F = 7549.242 \qquad DW = 1.239835$$

$$\Delta lnC_{i,t+1} = 0.000778 + 2.416852(\Delta lnC_{i,t+1}^{NT})^2 + 0.383028(\Delta lnC_{i,t+1}^{T})^2 + 0.908118\Delta lnY_{i,t+1}$$

$$(5-43)$$

$$se = (0.000949) \qquad (0.361041) \qquad (0.355458) \qquad (0.052356)$$

$$t = (0.819403) \qquad (6.694128) \qquad (1.077563) \qquad (17.34495)$$

$$\overline{R}^2 = 0.998708 \qquad R^2 = 0.998504 \qquad F = 4896.746 \qquad DW = 1.286110$$

5.5.3 结论

5.5.3.1 城乡居民都具有预防性储蓄动机

模型回归结果见表 5-49。国际学者对预防性储蓄值进行过推算，Dynan（1993）认为预防性储蓄动机的值一般介于 3~5。我国学者对预防性储蓄的研究与国际大体一致。本书用 1994~2017 年的数据测算，农村居民预防性储蓄动机为 4.770980，城镇居民预防性储蓄动机为 2.800634。受我国特殊的城乡"二元经济"结构影响，农村居民预防性储蓄动机高于城镇居民。首先，城乡居民收入存在差距，农村居民的收入水平相对来说低于城镇居民，且收入来源不稳定，所以自我保障和承担风险的能力相对较弱。其次，城乡居民社会保障存在较大差异。城镇居民可以享受养老、疾病医疗、失业保险、救济贫困等多种社会保障，而农村居民只能部分地享受到新型农村养老保险和新型农村合作医疗保险，所以城镇居民防范未来风险的能力相对较强。

表 5-49　　　　　　　　城乡居民预防性储蓄动机

城乡	数值	预防性储蓄动机	非旅游支出波动	旅游支出波动	支出混合影响
农村	数值	4.770980	4.276245	0.013528	0.627620
	构成（%）	100	89.633	0.2835	13.1549

城乡	数值	预防性储蓄动机	非旅游支出波动	旅游支出波动	支出混合影响
城镇	数值	2.800634	2.416852	0.383028	0.908118
	构成（%）	100	86.2966	13.6765	32.4254

同时，由表 5 - 50 可以看出，我国城乡居民支出不确定性来源也有所差异。与城镇居民消费支出不确定性相关程度较高的是食品、服饰、交通和通信支出的不确定性，相关系数分别为 0.90、0.49 和 0.43；与农村居民消费支出不确定性相关程度较高的是服饰、家庭设备和服务、医疗保健，相关系数分别为 0.86、0.84 和 0.81。家庭设备、医疗保健是农村居民家庭的主要支出，尤其是医疗保健，相较于城镇居民的交通通信等未来支出，医疗保健和家庭设备支出对农村居民的影响大得多，所以这也是造成农村居民家庭预防性储蓄动机相对高于城镇居民的原因。

表 5 - 50　　1996 ~ 2013 年城乡居民生活消费支出与分类支出之间的关系

指标	生活消费支出中的分类支出比例（%）		生活消费支出与分类支出增长率平方序列的相关系数	
指标	城镇	农村	城镇	农村
食品	39.39	46.66	0.90	0.80
服饰	10.80	6.13	0.49	0.86
居住	6.68	4.95	- 2.9	0.29
家庭设备和服务	6.15	6.08	0.21	0.84
交通和通信	10.79	7.74	0.43	0.12
教育文化娱乐服务	12.63	9.96	0.37	0.37
医疗保健	9.91	16.46	0.42	0.81

注：消费支出数据根据居民消费价格分类指数调整为以 1995 年为基期的实际数据。
资料来源：根据历年《中国统计年鉴》整理。

5.5.3.2　城乡居民旅游预防性储蓄动机差距较大

旅游消费产生的预防性储蓄动机在城镇居民和农村居民中有着较大的差距。城镇居民旅游消费产生的预防性储蓄动机 0.383028，非旅游支出波动的值为 2.416852。这两者之间以及支出混合影响为 0.908118。城镇居民旅游消费产生的预防性储蓄动机占比达到 13.6765%。城镇居民用于预防性储蓄中的旅游开支占比大，相对于基本生活，城镇居民比较注重闲暇。

农村居民旅游消费产生的预防性储蓄动机为 0.013528，非旅游支出波动的值为 4.276245。这两者之间以及支出混合影响为 0.627620。农村居民旅游消费产生的预防性储蓄动机占比达到 0.2835%。农村居民旅游消费产生的预防性储蓄动机比较小，但在整个预防性储蓄中占据一部分。农村居民的预防性储蓄主要表现为养老、医疗、教育和生活等基本生活的保障。

5.5.3.3 我国城乡居民都受流动性约束的影响

在存在流动性约束下的情况下，城镇居民收入增长率对消费增长率的影响系数由城镇居民模型（1），即式（5-42）和模型（2），即式（5-43）可知，该系数分别为 0.910799 和 0.908118，都显著大于 0，农村居民收入增长率对消费增长率的影响系数由农村居民模型（1），即式（5-40）和模型（2），即式（5-41）可知，系数分别为 0.6059947 和 0.627620，也都显著大于 0。这说明受流动性约束，城乡居民收入对其国内旅游消费支出都会产生显著正向影响，但城镇居民的系数比农村居民的系数要大，即城镇居民收入增加对旅游消费促进的效果比农村要显著。也就是说，城镇居民受流动性约束较农村居民要小。这主要是因为，一方面，城镇比农村拥有更完善的金融市场和信贷消费市场，使得城镇居民享有更加宽松的信贷消费条件；另一方面，城镇居民消费观念较农村居民超前一些，外部消费信贷环境更为宽松。

5.6 各旅游消费函数的比较

由于缺少现行的旅游消费理论依据，所以根据西方经典消费理论模型，用我国的数据对上述模型进行拟合，通过拟合的结果来判断哪种消费理论更适合阐释中国旅游消费者的行为。因此，研究旅游消费函数选择以西方消费函数为起点，经过实证检验，发现建立在生命周期假说的旅游消费函数能较好地解释我国农村居民旅游消费行为，预防性储蓄和流动性约束假设能较好地解释我国城乡居民的旅游消行为，其余在消费理论基础上建立的模型，解释变量不显著，且都进行了一系列的调整和修正，不能用来对我国城乡居民的旅游消费行为进行充分解释。

5.6.1 原因分析

（1）建立在绝对收入假说基础上的我国城乡居民国内旅游消费函数，由于城镇居民国内旅游消费函数的修正可决系数低且为负，说明城镇旅游消费与可支配收入之间存在非线性关系，且没有通过协整检验，说明城镇居民的国内旅游消费与人均可支配收入之间不存在长期的比例关系或均衡关系。农村居民国内旅游消费函数的参数通过了显著性检验，但存在异方差和序列相关，最终对模型的异方差和序列相关进行了修正，模型拟合效果较好，并通过了相应的统计检验。但是对城乡居民而言，只考虑当期的人均可支配收入，影响因素过于简单，不足以反映当前我国城乡居民国内旅游消费行为的复杂性。

（2）建立在相对收入假说基础上的我国城乡居民国内旅游消费函数分为示范效应和棘轮效应两种情况。在示范效应下建立的城镇居民旅游消费函数虽然参数检验显著，但修正的可决系数低且为负，说明城镇居民旅游消费与全国居民可支配收入之间存在非线性关系，且模型没有通过协整检验，表明城镇居民的国内旅游消费与其收入之间不存在长期稳定的均衡关系。主要是我国现阶段已经出现了贫富分化、分配不公的情况，城镇消费者依据其收入水平能够被划分成多个层次，进行旅游消费示范效应的分析需将其纳入相应的层次中再进行分析才能比较准确地反映示范效应的效果，这还有待做进一步的研究。建立的农村居民国内旅游消费函数参数显著，通过了 t 检验，模型整体拟和效果较好，不存在序列相关和异方差，说明对于农村居民来说，其所在群体对其的旅游消费具有示范效应。但由于模型剔除了当期人均可支配收入这一重要变量，使得模型的解释力下降。

在棘轮效应下，建立的城乡居民旅游消费函数由于存在多重共线性，因此，将变量当期人均收入进行剔除重新建模，建立的城镇居民国内旅游消费函数参数显著，通过 t 检验，但修正的可决系数低且为负，说明城镇居民旅游消费与上一期可支配收入之间存在非线性关系，且模型没有通过协整检验，表明城镇居民的国内旅游消费与上一期的人均可支配收入之间不存在长期的比例关系或均衡关系。建立的农村居民国内旅游消费函数，对其存在的多重共线性、异方差和序列相关进行修正后，修正后的模型表明我国农村居民国内旅游消费存在棘轮效应，即上一期的人均收入对我国城乡居民当期的旅游消费有正向影响，但同样由于模型剔除了当期人均可支配收入这一重要变量，使得模型的解释力下降。

（3）建立在生命周期假说基础上的我国城乡居民国内旅游消费函数，由于城镇居民国内旅游消费函数存在多重共线性，在剔除相关变量的基础上建立两个误差修正模型，这两个修正模型误差项显著，通过了 t 检验，并且不存在条件异方差和序列相关，但是模型没有通过正态性检验，且修正的可决系数值低，模型的拟和效果不好。说明建立在生命周期假设基础上的城镇居民国内旅游消费函数不能对我国城镇居民的国内旅游消费作出很好的解释。建立的农村居民国内旅游消费函数存在多重共线性，在剔除相关变量的基础上建立两个回归模型，对两个模型的异方差进行了修正，修正后的模型不存在异方差和序列相关，且模型的修正的可决系数值高，模型的拟和效果较好，不足就是模型中的回归系数不显著，没有通过 t 检验。但是建立的两个模型联合起来可对我国农村居民的国内旅游消费作出一定程度的解释。

（4）建立在持久收入假说基础上的我国城乡居民国内旅游消费函数不存在多重共线性，没有异方差和序列相关，但暂时收入前的参数不显著，没有通过 t 检验，修正的可决系数低，模型整体拟合效果不好，说明持久收入假说不能对当前我国城乡居民的国内旅游消费作出合理的解释，因此，不太适用当前我国城乡居民的旅游消费形势。

（5）建立在预防性储蓄和流动性约束基础上的我国城镇居民国内旅游消费函数拟合效果较好，模型解释变量对被解释变量比较吻合，模型所有的系数均通过了 t 检验，模型不存在多重共线性，异方差得到了修正，参数显著。我国农村居民国内旅游消费函数拟合效果较好，模型系数部分没用通过 t 检验，模型有多重共线性，异方差得到了修正，参数显著。城镇居民数据模型拟合效果优于农村。通过模型计算的我国城乡居民预防性储蓄动机、旅游支出波动、非旅游支出波动和支出混合影响与国内外学者关于这些系数的研究一致，也与我国实际情况一致。城镇和农村数据下的预防性储蓄和流动性约束旅游函数均可以解释我国城乡居民的实际旅游消费和收入之间的关系。

5.6.2　预测结果评价

对建立在生命周期假说基础上的我国农村居民旅游消费函数以及建立在预防性约束和流动性约束假设基础上的城乡居民国内旅游消费函数的预测结果还需进行评价，根据预测结果选定最终模型。

5.6.2.1　预测评价原理

评价模型预测结果的指标主要采用相对指标，相对指标取值大小不受量纲的影响，可以形成一致的评价标准。相对指标主要包括平均绝对百分误差、希尔不等系数、方差率、偏倚率、斜方差率等。

平均绝对百分误差计算公式为：

$$\text{MAPE} = \frac{1}{n} \sum_{t=T+1}^{T+n} \left| \frac{\hat{Y}_t - Y_t}{Y_t} \right| \tag{5-44}$$

其中，T 表示样本容量；n 表示样本外预测期数；$\hat{Y}$ 表示预测值；Y_t 是真值。

希尔不等系数计算公式为：

$$\text{TIC} = \frac{\sqrt{\dfrac{1}{n} \sum\limits_{t=T+1}^{T+n} (\hat{Y}_t - Y_t)^2}}{\dfrac{1}{n} \sum\limits_{t=T+1}^{T+n} \hat{Y}_t^2 + \sqrt{\dfrac{1}{n} \sum\limits_{t=T+1}^{T+n} Y_t^2}} \tag{5-45}$$

其中，T 表示样本容量；n 表示样本外预测期数；$\hat{Y}$ 表示预测值；Y_t 是真值。

偏倚率计算公式为：

$$BP = \frac{\left(\dfrac{1}{n}\sum_{t=T+1}^{T+n} \hat{Y}_t - \overline{Y}_t\right)^2}{\dfrac{1}{n}\sum_{t=T+1}^{T+n}(\hat{Y}_t - Y_t)^2} \tag{5-46}$$

其中，T 表示样本容量；n 表示样本外预测期数；$\hat{Y}$ 表示预测值；Y_t 是真值。

方差率计算公式为：

$$VP = \frac{(S_{\hat{Y}_t} - S_{Y_t})^2}{\dfrac{1}{n}\sum_{t=T+1}^{T+n}(\hat{Y}_t - Y_t)^2} \tag{5-47}$$

斜方差率计算公式为：

$$CP = \frac{2(1-r)S_{\hat{Y}_t}S_{Y_t}}{\dfrac{1}{n}\sum_{t=T+1}^{T+n}(\hat{Y}_t - Y_t)^2} \tag{5-48}$$

一般而言，如果平均绝对百分误差值在 0 ~ 5，则说明模型的预测精度很高；如果误差值在 10 以内，则说明模型预测精度一般。希尔不等系数的取值范围一般在 0 ~ 1，取值越小模型的预测精度越好。偏差率用来反映模型预测值序列的均值和实际值序列的均值之差，如果偏差率取值很大，说明预测是有偏差的，不够准确。方差率主要用来测量预测值序列和实际值序列标准差的差距，如果方差率取值较大，说明模型预测值与实际值的变异存在明显差异[1]。偏差率和方差率叫作系统性误差、斜变率所反映的误差是非系统性误差。评价一个模型预测结果是否优良，系统性误差所占份额应尽可能小，非系统性误差应尽可能大。

5.6.2.2　预测评价结果

上述指标计算显示，建立在生命周期收入假说基础上农村居民国内旅游消费函数（1），即式（5-26）的 MAPE = 2.391406，TIC = 0.015055，BP = 0.000001，VP = 0.040026，CP = 0.959972（见图 5-13）；建立在生命

---

[1]　曾康华. 计量经济学［M］. 北京：清华大学出版社，2016.

周期收入假说基础上农村居民国内旅游消费函数（2），即式（5－27）的 MAPE＝2.433654，TIC＝0.0153865，BP＝0.000012，VP＝0.028642，CP＝0.971363（见图5－14）。这两个模型联合起来观察，各系数取值均在上面的平均绝对百分误差值范围和符合希尔不等系数的取值范围内，而且偏倚率、偏差率和斜差率等值均比较理想。

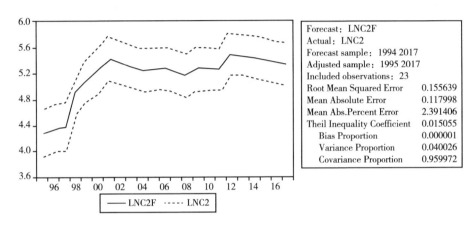

图5－13 农村居民国内旅游消费函数（1）预测结果的评价

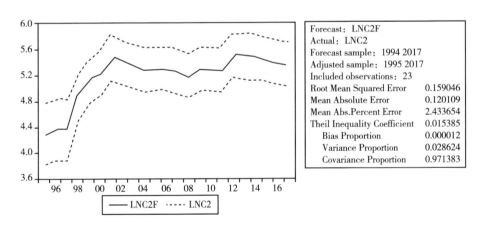

图5－14 农村居民国内旅游消费函数（2）预测结果的评价

计算显示，建立在预防性约束和流动性约束假设基础上的城镇居民国内旅游消费函数（1），即式（5－42）的 MAPE＝130.9535，TIC＝0.054763，BP＝0.000000，VP＝0.003516，CP＝0.996484（见图5－15）；消费函数（2），即式（5－43）的 MAPE＝113.6119，TIC＝0.053924，BP＝0.000000，VP＝

0.003441，CP = 0.996559（见图 5 - 16）。建立在预防性约束和流动性约束假设基础上的农村居民国内旅游消费函数（1），即式（5 - 40）的 MAPE = 102.1647，TIC = 0.115014，BP = 0.000000，VP = 0.018509，CP = 0.981491（见图 5 - 17）；消费函数（2），即式（5 - 41）的 MAPE = 118.5703，TIC = 0.142168，BP = 0.000000，VP = 0.028441，CP = 0.971559（见图 5 - 18）。农村和城镇模型的各系数取值均进入上面的平均绝对百分误差值范围和符合希尔不等系数的取值范围，偏倚率、偏差率和斜差率等值也均比较理想。

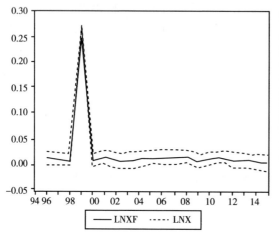

图 5 - 15　城镇居民国内旅游消费函数（1）预测结果的评价

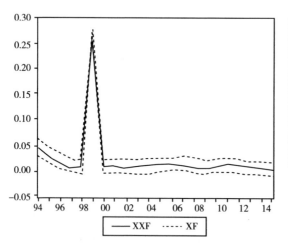

图 5 - 16　城镇居民国内旅游消费函数（2）预测结果的评价

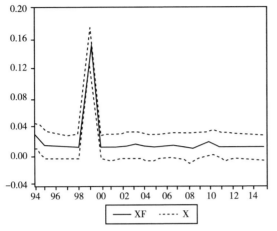

图 5 – 17　农村居民国内旅游消费函数（1）预测结果的评价

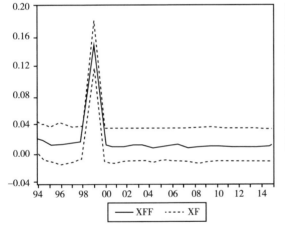

图 5 – 18　农村居民国内旅游消费函数（2）预测结果的评价

因此，可判定建立在生命周期假说基础上的我国农村居民旅游消费函数趋势预测结果理想，建立在预防性约束和流动性约束假设基础上的城镇居民和农村居民国内旅游消费函数（1）和函数（2）趋势预测结果较理想。

5.6.3　结论

因此，通过旅游消费函数比较的原因分析以及预测效果的评价，最终确定的模型为建立在生命周期假设基础上的农村居民国内旅游消费函数和建立在流动性约束假设基础上的城镇居民和农村居民国内旅游消费函数。

5.6.3.1 生命周期理论假说下我国农村居民旅游消费函数模型

农村居民国内旅游消费函数 (1):

$$\hat{LNC}_{2t} = 0.720941 LNC_{2,t-1} + 0.194863 LNY_{2,t-1} \qquad (5-49)$$
$$(0.091230) \qquad\qquad (0.061626)$$
$$t = (7.902417) \qquad\qquad (3.162011)$$
$$R^2 = 0.828499 \qquad \overline{R}^2 = 0.820332 \qquad DW = 1.620192$$

农村居民国内旅游消费函数 (2):

$$\hat{LNC}_{2t} = 0.748641 LNC_{2,t-1} + 0.175373 LNY_{2t} \qquad (5-50)$$
$$(0.152968) \qquad\qquad (0.105525)$$
$$t = (4.893528) \qquad\qquad (1.661901)$$
$$R^2 = 0.820909 \qquad \overline{R}^2 = 0.812381 \qquad DW = 1.594082$$

5.6.3.2 预防性储蓄和流动性约束假说下我国城乡居民旅游消费函数模型

农村居民国内旅游消费函数模型:

$$\Delta lnC_{i,t+1} = 0.003163 + 4.770980(\Delta lnC_{i,t+1})^2 - 0.605994\Delta lnY_{i,t+1} \quad (5-51)$$
$$se = (0.001706) \qquad (0.153111) \qquad (0.066807)$$
$$t = (1.854602) \qquad (31.16023) \qquad (9.070829)$$
$$\overline{R}^2 = 0.979025 \qquad R^2 = 0.980932 \qquad F = 514.4416 \qquad DW = 1.343619$$

$$\Delta lnC_{i,t+1} = 0.002715 + 4.276245(\Delta lnC_{i,t+1}^{NT})^2 + 0.013528(\Delta lnC_{i,t+1}^{T})^2 - 0.627620\Delta lnY_{i,t+1}$$
$$(5-52)$$
$$se = (0.002021) \qquad (0.156668) \qquad (0.080506) \qquad (0.075813)$$
$$t = (1.348135) \qquad (27.29488) \qquad (0.168031) \qquad (8.278560)$$
$$\overline{R}^2 = 0.976738 \qquad \overline{R}^2 = 0.973065 \qquad F = 265.9233 \qquad DW = 1.340819$$

城镇居民国内旅游消费函数模型:

$$\Delta lnC_{i,t+1} = 0.001067 + 2.800634(\Delta lnC_{i,t+1})^2 + 0.910799\Delta lnY_{i,t+1}$$

$$(5-53)$$

$$(0.000700) \qquad (0.005089) \qquad (0.036797)$$

$$t = (1.523637) \qquad (550.3455) \qquad (24.75167)$$

$$\overline{R}^2 = 0.998545 \quad R^2 = 0.998677 \quad F = 7549.242 \quad DW = 1.239835$$

$$\Delta lnC_{i,t+1} = 0.000778 + 2.416852(\Delta lnC_{i,t+1}^{NT})^2 + 0.383028(\Delta lnC_{i,t+1}^{T})^2 + 0.908118\Delta lnY_{i,t+1}$$

$$(5-54)$$

$$(0.000949) \qquad (0.361041) \qquad (0.355458) \qquad (0.052356)$$

$$t = (0.819403) \qquad (6.694128) \qquad (1.077563) \qquad (17.34495)$$

$$\overline{R}^2 = 0.998708 \quad R^2 = 0.998504 \quad F = 4896.746 \quad DW = 1.286110$$

第6章

基于收入假说的城乡居民国内旅游消费
需求变化趋势预测

第5章模型的实际检验及预测评价显示，建立在生命周期假设基础上的国内旅游消费函数能较好地解释我国农村国内旅游消费行为，建立在预防性储蓄和流动性约束假设基础上的国内旅游消费函数能较好地解释我国城乡居民国内旅游消费行为。但大部分学者的研究结论认为生命周期假说其实并不成立。生命周期假说认为居民消费受收入的影响，且居民一生的收入等于其一生的消费支出，他们一生的收入和消费之间的比例关系基本稳定，即决定他们消费支出的收入不是当期收入，而是他们一生的收入。但在现实中，消费者都具有短时行为，他们无法合理预测一生的收入，同时，还有一部分消费者存在流动性约束，因此，无法根据最优的消费路径安排他们一生的消费和储蓄，所以只能根据当期的实际收入水平平滑其消费。基于此，本书主要基于预防性储蓄和流动性约束理论来预测我国城乡居民国内旅游消费需求未来5年的变化趋势。

本书认为，建立在预防性储蓄和流动性约束基础上的消费函数可以解释我国城乡居民国内旅游消费行为，可以据此对我国城乡居民国内旅游消费进行预测，但最后推导出的联合模型较为复杂，包含多个变量，其可以反映城乡居民旅游消费时的预防性储蓄动机和流动性约束的大小，但难以用常规方法定量预测城乡居民国内旅游消费需求的变化趋势。基于此，本书主要基于预防性储蓄和流动性约束理论，对我国城乡居民国内旅游消费需求的未来变化趋势进行定性的预测。

同时，考虑到旅游消费不同于一般消费，旅游消费还受到闲暇时间、旅游意愿、旅游供给等其他方面的影响，所以，为了使预测结果更加客观准确，我们在预测时也兼顾这些因素。我们的预测思路是：首先，依据生命周期理论和预防性储蓄及流动性约束理论，结合旅游消费特征，确定预测我国城乡居民国内旅游消费未来变化趋势的主要影响因素，具体包括居民收入、预防性储蓄动机、流动性约束、闲暇时间、旅游供给；其次，分析这些影响因素未来的态势，结合第 3 章分析的我国城乡居民国内旅游消费现状，预测其未来变化趋势。

6.1　预测依据

6.1.1　居民收入及变化

通过对第 3 章分析可知，我国城乡居民国内旅游消费和收入之间呈现显著的正相关关系，城镇居民国内旅游消费和收入的相关系数是 0.911，农村居民国内旅游消费和收入的相关系数为 0.957，说明收入依然是影响我国城乡居民国内旅游消费的主要因素之一，城乡居民收入水平越高，旅游消费支出就越高；城乡之间以及城乡内部收入差距越小，越有利于提高居民旅游消费倾向，促进旅游消费，收入占 GDP 比重越高，也越有利于促进旅游消费规模增长。

党的十八大以来，"以人民为中心"的发展观、新型城镇化发展战略、创新驱动发展战略等的实施以及经济结构的战略性调整，为我国居民收入分配格局带来实质性改善。2011～2018 年，政府发展观由唯 GDP 增长论转向可持续发展观，居民收入持续增加，并表现出增速加快的基本态势；居民收入占 GDP 的比重有所增加，中国经济发展的成果越来越多地被人民群众所享有；城乡居民之间、城乡居民内部的收入差距不断缩小。

这一阶段，我国居民收入差距扩大的趋势也有一定程度的缓解。如果用基尼系数来衡量的话，根据有统计的数据记载，2008 年我国居民基尼系数值最高，之后开始逐渐下降，2015 年下降到 0.462，为近年来最低值，到 2016

年又微升至 0.465，2017 年又有小幅上升，为 0.467，较 2016 年上升了 0.002 个百分点。这两年的基尼系数虽有上升，但不会改变逐年下降的总体趋势，因为，国家近年来不断加大脱贫攻坚的力度和城乡一体化的步伐，居民收入差距会保持逐步缩小的趋势，这是可以预期的。而且从城乡收入比也可以看出，中国城乡居民收入的相对差距还是在缩小，2009 年的城乡收入倍差是 3.33，2015 年是 2.73，2016 年下降到 2.72，2017 年约为 2.71。

不同的发展战略要求相应的发展方式与之相适应，以实现既定的发展战略目标。此前，我国政府致力于追求高经济增长率，所以需要较高的投入来支撑这一目标的实现，这种传统的发展方式与居民收入水平的提高相矛盾，所以居民收入水平一直不能得以显著且实质性的提高。但是，进入新时期后，我国经济发展的当务之急变成转变经济发展方式，所以党的十八大明确提出要深化改革，加快转变经济发展方式。基于此，国家采取了创新驱动发展、经济结构调整、收入分配制度改革以及与之相关的分配政策调节等一系列措施，以便实现"以人民为中心"的发展目标，让发展成果更多地惠及广大人民群众。所以，近年来，我国居民收入分配格局出现全面向好的态势[①]。

但这种向好的发展趋势不太稳固，主要是因为财政政策的依托作用可能不能持久。此前，随着国家经济实力的增强和经济发展理念的转变，开始推行工业反哺农业、城市反哺乡村，城乡经济一体化进程不断加快，同时，国家财政政策向民生领域投入力度不断增大，投入增长幅度远远超过财政收入的增长幅度，甚至超过国民收入的增长幅度，由此，我国居民收入分配格局才出现全面向好趋势，主要得益于国家实施的财政政策。然而，随着我国经济进入新常态，经济增长速度放缓。在我国经济下行压力加大、传统增长优势减弱、经济发展速度减慢、产业结构性矛盾突出、就业形势日益严峻的背景下，短期内居民收入增长依然比较困难，居民收入差距可能还有再度扩大的风险[②]。

当前，我国经济发展已由高速增长转向高质量发展，开始步入新常态，说明国家在转变经济发展方式方面取得了一定的成效。随着改革的进一步深

① 王萌. 改革开放 40 年中国居民收入分配格局变化研究 [J]. 理论月刊, 2019 (2): 120 - 125.
② 朱高林. 十八大以来我国居民收入差距的变化及发展趋势 [J]. 求实, 2018 (2): 47 - 58.

化，现代化经济体系的建立，经济结构的不断优化升级，发展动力从要素驱动、投资驱动转向创新驱动，中国居民增收及收入差距缩小的内生机制必然会形成。一旦社会自身机制得以完善，此前靠外力作用促使居民增收和收入差距缩小的局面将会改变，所以从长期来看，我国居民收入会持续不断增长，收入差距将持续缩小。

综上所述，我们认为短期内城乡居民收入依然会保持现有的平稳增长态势，但增幅有可能会变小，居民收入差距缩小在某些年份可能会出现微弹，但总体上会保持逐步缩小的态势，所以短期内收入依然会成为我国城乡居民国内旅游消费的主要影响因素，居民收入中用于旅游消费的部分，即旅游消费率会保持现有速度缓慢增长，但增幅不会有较大提升，收入增长对居民旅游消费的促进作用应该会保持现有的状态，不会发生太大的变化。

6.1.2　居民预防性储蓄动机及变化

当前我国城乡居民仍然存在较强的预防性储蓄动机，即便考虑了居民的习惯偏好，城乡居民依然存在显著的预防性储蓄动机（张安全和凌晨，2015）。另外，从绝对层面来看，农村居民具有更强的预防性储蓄动机，其绝对系数约为城镇居民的两倍。然而就城乡现有消费水平来看，农村居民的预防性储蓄则明显低于城镇居民，因为城镇居民的消费水平高于农村居民，假定城乡居民的风险占消费比相同，就意味着城镇居民所面临的风险更高，所以城镇居民需要更多的预防性储蓄来抵抗未来的风险，这也部分地说明了为什么近年来城镇居民储蓄率高于农村居民。

居民预防性储蓄的主要原因在于对未来收支的不确定。尤其是我国经济转轨过程中教育、医疗、住房等诸多社会保障体制不完善导致居民面临未来大额支出的可能性增加，消费预期不稳定。城乡比较来看，城镇居民由于其社会保障制度相对较为完善，其不确定性主要来自收入方面，但对于中低收入的城镇工薪阶层来说，住房和教育也具有较强的不确定性。而农村居民面临的不确定性除了来自收入，同时还来自不健全的社会保障体系导致的教育、医疗及养老等的消费支出预期。稳定居民的收支预期、降低其未来收支的不确定性是降低城乡居民预防性储蓄动机的主要途径。近年来，政府不断调整收入分配结构，加快城乡一体化建设，弱化城乡差距，努力稳定并提高城乡居民收入水平，不断增大社会保障制度的建设力度，推进并深化医疗、养老、教育、住房等方面的改革，社会保障制度实现了全民覆盖的目标。城乡"二元结构"被逐步打破，居民收入差距逐渐缩小，居民在养老保险、医疗保险、社会救助等方面基本实现了一体化。因此，可以预期，随着居民收入的不断提高，教育、医疗和养老等社会保障体系的逐步完善，城乡居民的预防性储蓄动机将逐步减弱。

但是，我们也应该认识到，我国的收入分配改革和社会保障改革之路并不平坦，甚至可以说较为艰辛。虽然目前各方面的改革取得一定的成就，但我国深化改革的任务还十分艰巨。有时候受多方面因素的影响，改革的效果也并不明显，比如近年来政府不断深化社会保障制度的改革，改革成效显著，但居民的储蓄率依然居高不下，这一方面是受消费习惯的影响，但也有其他方面的原因，因此，要改变居民的预防性储蓄动机，单从某一两个方面使力还不足以解决问题。加之受消费习惯和消费观念的影响，城乡居民短期内的消费行为很难有大的改变，所以可以预计，在短期内，城乡居民的预防性储蓄动机不会显著降低，城乡居民的旅游消费率不会显著增加，旅游消费水平的提升依然会受到限制。

6.1.3　居民流动性约束及变化

流动性约束理论认为自由完美的资本市场是不存在的，而且现实中消费者面临的借款利率总是要比储蓄利率高，同时，受信息不对称以及政策因素的管制、制约，消费者还无法获得相应的贷款资格和借贷额度，所以消费就会受到流动性约束的影响。其影响主要体现在：由于流动性约束的存在，消费者当期的消费量会比理论上的要低；如果消费者对未来存在流动性约束预期，他也会降低消费、增加储蓄。因此，流动性约束的存在将会对居民个人的消费产生抑制作用，使其增加储蓄，以避免将来收入下降对生活水平产生负面影响；当预期收入下降时，如果存在流动性约束，消费者也会减少当前的消费进行储蓄。如果不存在流动性约束，消费者则可以通过借贷来满足当前的消费需求。所以，无论是从当期还是长期来看，流动性约束都会对居民的消费总量产生限制。

流动性约束又称为信贷约束，所以消费信贷的存在将会有效缓解消费者所面临的流动性约束。近年来国家出台一系列政策措施鼓励支持信贷市场的发展，我国信贷市场发展成效显著，但仍面临巨大挑战：一是我国城乡居民的信贷需求不足。近年来我国城乡居民收入水平有大幅提升，但相对来说，仍处在较低的水平上，大部分群众，尤其是中低收入者仍然缺乏稳定持久的收入来源，同时，城乡、地区、行业间收入差距较大，导致相当大一部分居民承贷能力不足，对信贷业务的需求有限。而且我国当前的社会保障体系仍不健全和完善，居民要面临高房价、高医疗费、高额的子女教育费用和生活成本支出，所以他们不敢轻易尝试消费信贷。同时，受长期以来保守的消费习惯的影响，短期内让大家接受超前消费、信贷消费，难度必然较大。二是消费信贷的有效供给不足。国内商业银行在经营范围上倾向于对公业务，个人信贷主要集中于家庭住房、家庭汽车、信用卡和电子设备等传统领域，且门槛较高。同时，我国消费新市场的发展缺乏政策引导和支持，导致金融机构缺乏创新，信贷产品单一且同质化严重，从而影响信贷市场的健康发展。而且受经济条件的影响，国内信贷市场发展地区差距较大，信贷资源高度集中在经济发达地区，一些落后城市地区，尤其是农村地区信贷资源和服务极为缺乏。三是相应的法律法规不完善。随着信贷市场的发展，其所需要的法律制度、相应的监管惩处制度以及征信体系的建设仍不健全，金融市场也缺乏相应的金融创新制度来分散消费信贷中存在的经营风险，消费者难以进行信贷消费风险控制。

综上所述，流动性约束主要受收入水平、储蓄水平和经济及金融发展水平的影响，这些变量水平越高，居民受到的流动性约束就较低，相比较而言，收入水平较低、经济金融发展水平较低、人均储蓄余额较少，受到的流动性约束就较高。受当前我国居民整体收入水平和金融发展水平的限制，加之受居民消费习惯的影响，短期内，城乡居民旅游消费所受流动性约束依然存在，即使有缓解，但不显著。

6.1.4 居民闲暇时间及变化

相较于农村居民，城镇居民旅游消费受闲暇时间的影响更大，甚至超过收入对其的影响。农村居民时间相对较为自由灵活，旅游消费受时间的影响较小。因此，以下居民闲暇时间的变化情况主要作为城镇居民未来旅游消费需求变化的预测依据。

回顾中国休假制度的演变，自中华人民共和国成立后，国家分别在 1949 年、1995 年、1999 年及 2007 年对我国的假日制度进行了修改和调整。2007 年，修订后的假日制度在不改变原有假期天数的基础上进行了存量调整，即缩短了"五一"长假，增设清明节、端午节、中秋节为国家法定节日，各放假 1 天。根据新的假日制度，有关人士推算，中国人每年有 115 天的公共假期，相比以前有了很大进步，而且总体水平已经接近国外发达水平。社会总闲暇时间取决于生产力水平，按照 115 天来看，与我们的生产力水平相比，中国目前的公共假期总水平事实上是超前于社会生产力的。与此同时，2007 年假日制度修订中还提出要将国家法定假日与企业带薪休假相结合，推动全民休假制度的落实。

一般而言，居民的假期组成主要包括公共假期和带薪年假，就公共假期来看，世界上大部分国家都实行每周五天工作制，所以 104 天的双休日大部分国家的居民都拥有。大部分国家的公共节日假期都在 10 ~ 15 天，哥伦比亚公众节日假期共 18 天，全球最多，欧美国家普遍在 10 天左右，相对较低，我国是 11 天的节日假期。

如果将带薪假期考虑进去，我国目前的状况就不容乐观，因为我国的带薪假期在全球排名靠后，导致我国职工总体休假水平明显低于世界平均水平。我国自 2008 年起开始实施《职工带薪年休假条例》，条例中对员工工作年限及休假时间做了明确规定，但实际情况是我国仍有一部分劳动者无法真正享受这些带薪假期。

我国带薪休假制度难以落地实施，一方面是因为没有可执行的具体办法，缺乏明确可操作的依据；另一方面也和中国现有国情和劳工市场供给需求有关。我国当前劳动密集型产业相对较多，技术密集型企业相对较少，从成本和利润空间来看，带薪休假很难落实，同时，中国人就业压力大，劳工市场竞争激烈，劳动者没有对等的博弈地位，很难维护自己的休假权益。

带薪休假的落实情况与社会的发达程度相关，越发达的国家带薪休假制度相对越完善，劳动者的带薪休假日越多。但是，社会的发展必然要经历一定的轨迹，即使在美国，早期带薪休假也不像现在这样普及，欧洲也是经过了几十年的发展，随着经济的发展、社会的不断转型才有了现在的局面。随着中国经济转型升级、人们意识的变化、劳工市场的逐步调整，中国带薪休假制度也必将会慢慢地完善和落实。2019 年，国家发改委等 9 部门联合发布了《关于改善节假日旅游出行环境促进旅游消费的实施意见》，提出要加快推动落实带薪休假、鼓励企事业单位灵活安排带薪休假、推动居民错峰出游。据此，我国带薪休假制度的落实进程有望加快。

综上所述，我们预计，我国带薪休假制度会逐步完善和落实，但受经济发达程度和我国国情的影响，带薪休假制度的落实不可能一蹴而就，在国家相关实施意见的指引下，短期内职工带薪休假环境会有所改善，但居民总闲暇时间不会有太大变化，因此，闲暇时间对居民旅游消费的促进作用会有所提升，但不会太显著。

6.1.5　旅游供给环境变化

当前，我国居民消费正处于快速转型升级的重要时期，旅游业也正处于黄金发展期，但同时也存在诸多发展矛盾，主要表现为旅游产品供给落后于居民旅游消费升级需求的发展，政府管理和服务水平跟不上旅游业快速发展的步伐，从而阻碍居民旅游消费需求的有效释放，影响居民旅游消费信心，不能将居民潜在旅游消费需求转变成现实的消费需求，进而阻碍旅游业的可持续发展。

基于此，国家和各地方政府出台了一系列政策措施加快旅游发展方式转变，推进旅游供给侧结构性改革，充分挖掘我国城乡居民国内旅游消费潜力和旅游投资潜力，推动旅游业的健康可持续发展，因此，出现了一些旅游发展利好因素。

一是交通基础设施逐步完善，居民出行环境日益优化。近几年，我国各地加强高速公路的贯通、扩容改造，加强高等级公路网建设，路网运行能力得到较大提升；高速公路服务区和停车区布局不断优化，服务设施和应急设施不断完善，高等级公路网通行效率不断提升；在高速公路规划、建设中注重与重点景区连接道路的衔接，完善旅游交通引导标识的设置，旅游者前往各地景区更加通达便捷。同时，节假日期间，各地热门景区都在机场、码头、旅游集散中心、景区等地区加开临时接驳交通，增加景区与城市对外交通枢纽和景区出入口开放数量，景区旅游出行保障能力大幅提升。

二是旅游产品供给能力大力提升，居民旅游消费需求被更好地满足。近年来，各地旅游开发中都非常重视旅游资源开发和产品建设的规划指导，注重旅游产品的空间布局和旅游基础设施及公共设施的建设，各地不断推出一批旅游精品、特色目的地和重点线路，居民出游有了更多的选择。而且，各地注重旅游产品升级改造，在旅游开发中挖掘文化内涵，加入科技等元素，开发了一批高质量的文化体验游、乡村民俗游、红色教育游等专项旅游产品，冰雪旅游、房车旅行、山地旅游、夜间旅游、邮轮旅行、博物旅行等新时尚旅游产品。旅游产品不断丰富，旅游者的旅游活动空间不断拓宽。同时，各地旅游投资不断增加，令人瞩目的是，近年来我国民间资本针对旅游业的投资越来越多，资金越来越巨大，而且成功的范例不断增多，由此导致新一轮投资的涌入，并逐步成为我国扩大旅游供给的新的主力军。民间资本的不断涌入，大大提升了我国的旅游供给能力。

三是旅游景区管理水平不断提升，居民出游体验得到优化。综合考虑景区资源保护和游客体验质量保障，近年来如莫高窟、九寨沟等景区开始建立实施景区门票预约制度，合理预测、确定并严格执行最高日接待游客人数规模。同时，各地积极推进智慧景区建设，充分运用 VR、5D 等人工智能技术打造立体、动态的旅游展示平台，推进门票线上销售、自助游览服务、手机应用程序智慧导游、电子讲解等智慧服务，综合采用微信、手机 App、景区官网等多渠道提供节假日景区车辆进入预约服务，游客旅游更加便捷的同时，旅游体验也得以优化，旅游满意度得以提高，游客出游积极性更高。

四是各地开始加强部门沟通协调，健全节假日旅游出行检测和拥堵防范化解机制。近年来，我国居民旅游消费需求不断释放，但受闲暇时间的约束，大都只能选择节假日出游，而道路拥堵和各大景区人满为患又不断打击旅游者的出游积极性，影响其出游体验，成为阻碍居民旅游消费的因素之一。基于此，全国各级政府部门都开始重视这一问题，从国家层面开始建立健全节假日及高峰期旅游交通工作协调机制，强化部门间协同配合，推动节假日问题常态化解决；从地方层面，各地注重统筹部门资源，运用大数据等手段进行交通研判、预警分析、信息发布、疏导管控和应急管理，减少了游客滞留，提升了游客出游信心，促进了游客出游。

五是旅游服务质量显著提高。随着旅游经营者之间恶性竞争、服务者欺客宰客现象频发，各地旅游管理部门和经营者开始诚信旅游建设。诚信旅游其实早在 2005 年全国旅游工作会议上就提出了，当时在调整我国旅游市场开发的战略部署中就提出在全社会的诚信体系框架中建设旅游行业诚信体系。但诚信旅游发展一直不尽如人意，最近几年各地进一步加大了诚信旅游的建设力度，通过警示公告制度、星级饭店和 A 级旅游区降级制度、旅行社和导游推出制度、评先奖优制度等建立和完善旅游诚信建设制度体系，旅游者旅游消费环境得到了优化，旅游投诉逐渐减少。

六是国家战略和旅游交流助力新时期旅游发展。随着全面建成小康社会的实现、"一带一路"倡议深化，以及粤港澳大湾区国家战略的纵深推进，区域内人员自由往来、旅游产业合作呈利好趋势，将为新时期旅游交流合作和旅游发展持续注入新动力。

这些利好因素的存在会极大地释放我国居民的国内旅游消费需求，提升旅游消费信心，引导其旅游消费升级。如果考虑这些利好因素的影响，我国城乡居民未来国内旅游消费需求将进一步在现有基础上稳健地向前发展。

6.2　城乡居民国内旅游消费需求变化趋势

我国的新旅游时代即将到来，旅游已成为中国普通百姓日常生活的一部分，旅游消费潜力将持续释放。根据我国国内旅游业发展态势，结合我国城乡居民国内旅游消费现状及特征，再综合上述城乡居民国内旅游消费需求影响因素及其变化趋势，本书认为，短期内我国城乡居民国内旅游消费会保持现有的发展速度持续增长，如果考虑上述旅游供给环境变化带来的利好因素，旅游消费需求会更加旺盛，旅游消费增长速度还有可能会有所加快，但如果考虑当前我国经济下行压力、居民实际收入增幅下降，城乡居民国内旅游消费增速也可能会放缓。

如果继续使用前面的分析指标，我们可以作出以下预测：

（1）未来五年，我国国内旅游出游人次增长率和旅游消费支出总额的增长率，仍将接近近5年平均增长率，依然会保持两位数的增长速度。如果考虑我国经济稳步增长态势和经济下行压力，增幅可能会有所减缓，但如果考虑旅游供给环境变化及居民储蓄动机及流动性约束的下降，出游人次和消费支出总额的增长幅度可能会更乐观一些。

（2）城乡居民消费水平会稳步提升，但受短期收入水平的限制，消费水平提升空间有限，即人均消费支出增长率变化依然会延续之前的节奏，缓慢且平稳的增长，但如果考虑到旅游供给侧和旅游消费环境的进一步优化、城乡居民旅游消费产品的日益丰富及多元化、产品结构的不断优化、居民出游信心的上涨，我国城乡居民旅游消费水平提高速度有望会加快。

（3）随着居民收入的增长、城乡居民收入差距的缩小、旅游产品供给结构的优化，高收入城镇居民的国内旅游消费倾向可能会逐步提高，中低收入阶层的城乡居民的消费热情也有望持续增加，从而使得城乡居民的国内旅游消费倾向会不断提高，旅游消费占收入比重不断增加，旅游消费与收入逐步实现同步发展，旅游消费从轻度滞后消费转变为同步消费。

（4）随着城乡居民收入水平的不断提升、居民旅游消费意识增强和消费观念的不断变化，加之旅游供给结构的优化，未来我国城乡居民出游目的逐步由探亲访友、观光游览向休闲度假转变，国内旅游的休闲度假时代将会到来，而且各种专项旅游的发展也会不断加快。居民出游消费结构会进一步优化，但受旅游消费特点、旅游消费者消费习惯和理性消费的影响，其花费仍然会集中在交通、住宿、餐饮和购物方面。但如果旅游购物品和娱乐业的发展步伐能更快一些，居民国内旅游花费中非基本消费比重有望能够提升。

（5）城乡对比来看，农村居民国内旅游消费倾向依然会高于城镇居民，出游人次增长速度也会快于城镇居民，但受收入、流动性约束以及预防性储蓄动机的限制，其旅游消费总额、消费率及人均消费水平依然会与城镇居民有较大差距，出游层次也低于城镇居民，未来农村居民的休闲度假游会逐步增加，但旅游消费目的可能依然会以探亲访友和观光游览为主。

第 7 章

结论及对策建议

7.1 研究结论

收入与旅游消费的关系一直是旅游学术界研究的热点和难点之一。中国学术界从 20 世纪 80 年代开始进行消费函数的理论和实证研究，消费函数已经被广泛运用到中国宏观经济分析模型中。近年来，国内学者们开始将收入假说理论及其函数运用到旅游领域，研究旅游消费函数，学者们的研究主要集中在利用某种假说理论及其函数关系式来分析中国居民收入与旅游消费之间的内在关系，但利用所有收入假说理论的同时构建模型，并比较各种收入假说理论在解释我国居民国内旅游消费行为时的优劣进行比较的研究，并不多见，且研究结论存在较大争议。基于此，本书尝试依据各收入假说理论构建我国城乡居民国内旅游消费需求函数，验证其适用性，并据此分析我国国内旅游消费需求未来的变化趋势。本书的主要结论如下：

（1）本书概述了我国旅游业的发展历程，分析了自 1994 年以来，我国国内旅游的发展态势，然后着重对我国城乡居民国内旅游消费规模（出游人次和消费总额）、消费水平、消费率、消费倾向、消费结构、消费层次等方面进行了统计分析，认为我国城乡居民国内旅游消费正经历着消费规模从小到大、消费水平从低到高、消费意愿不断增强、消费结构从不合理到逐渐合理的动态发展过程。但其发展过程中也不可避免地存在一系列问题，主要表现为：出游人数和消费支出额增长较为缓慢；消费水平还较低，消费规模的扩张主要表现为出游人数的膨胀，消费属于轻度滞后消费；城镇高收入阶层消费倾向下降，有钱不想花，低收入阶层和农村居民消费倾向不断上升，消费意愿强烈，但其收入在 GDP 中所占比重逐年下滑，想花却没有钱；消费结构中非基本消费比重依然较高，出游目的虽然在逐步向休闲度假转变，但探亲访友和观光游览的出游者比重较高，休闲度假和专项旅游消费比重偏低，消费层次依然偏低。

（2）本书在分析我国城乡居民国内旅游人均消费支出和人均可支配收入的历史演变的基础上，分析了两者的相关关系，认为城乡居民国内旅游消费和收入之间具有较高的相关性，城镇居民国内旅游消费和收入的相关系数是0.911，农村居民国内旅游消费和收入的相关系数为 0.957。说明收入依然是影响我国城乡居民旅游消费的主要因素之一，城乡居民收入水平越高，旅游消费支出就越高；相较于城镇居民，农村居民收入和旅游消费的相关性更大，说明收入对其旅游消费的影响更大。

（3）本书基于绝对收入假说、相对收入假说、持久收入假说、生命周期假说、预防性储蓄和流动性约束理论，分别构建我国城乡居民国内旅游消费需求函数，并利用1994～2017 年的城乡居民国内旅游消费人均支出和人均可支配收入对各模型进行实证检验，通过检验后的比较分析以及各模型预测效果评价，认为基于生命周期假说的国内旅游消费函数模型能较好地解释我国农村居民国内旅游消费需求行为，基于预防性储蓄和流动性约束假说构建的国内旅游消费函数模型能较好地解释我国城乡居民国内旅游消费行为。但大部分学者的研究结论显示，基于消费者短时行为和流动性约束的存在，生命周期假说其实并不成立，因此，本书认为可以用预防性储蓄和流动性约束假说来解释我国城乡居民的国内旅游消费行为。

（4）本书以预防性储蓄和流动性约束理论为基础，结合旅游消费特征和我国城乡居民国内旅游消费特点，以城乡居民未来收入变化、闲暇时间的变化、流动性约束和预防性储蓄动机的变化以及旅游供给及消费环境的变化为预测依据，对我国城乡居民未来短期内的需求变化趋势进行了预测，认为未来短期内，我国城乡居民国内旅游消费规模会保持现有的发展速度稳步发展。如果再考虑经济下行压力的缓解以及各种旅游利好政策措施的出台，出游人次和消费支出增长率还有望更高一些，消费规模的发展有望加快一点；消费水平会稳步提升，但受短期收入水平的限制，消费水平提升空间有限，即人均消费支出增长率变化依然会延续之前的节奏，缓慢的增长，但如果考虑旅游发展的各种利好因素，居民消费水平提高速度有望会加快；随着旅游供给侧的改革和旅游环境的优化，城镇高收入阶层会将眼光重新转回国内，国内旅游消费倾向有望提升，城乡居民国内旅游消费倾向应该会在现有基础上持续上升，旅游消费占收入比重不断增加，旅游消费与收入逐步实现同步发展，旅游消费将会从轻度滞后消费转变为同步消费；城乡居民旅游消费结构不断优化，非基本花费比重有望提升；旅游消费层次逐步提升，城镇居民休闲度假游时代即将到来，专项旅游和高端旅游会快速发展，农村居民由观光游览和探亲访友逐步向休闲度假转变；城乡居民国内旅游消费存在差异。

7.2　促进城乡居民国内旅游消费的对策建议

7.2.1　增加居民可支配收入，拓宽收入渠道，促进旅游消费

居民可支配收入即居民可用于自由支配的收入。居民可支配收入是决定居民消费的最重要因素。居民只有在拥有了足够的可自由支配收入后才有出去旅游的愿望和行为，因此，要促进居民的旅游消费，首先要增加居民的可支配收入。

对于城镇居民而言，增加其可支配收入可考虑以下几个方面：一是在经济持续快速发展的同时增加居民的工资性收入，建立工资增长机制，使工资能与经济发展保持同步的增长；使居民能切实分享到经济快速增长所带来的成果。二是降低个人所得税。我国个人所得税的纳税主体仍然是工薪阶层（韩仁月，2010），应适当减免个人所得税，提升个税起征点。三是深化住房、医疗、教育和养老制度的改革，保持物价稳定，遏制住房、医疗、教育

等价格的过快上涨，加大对教育、医疗、公共设施等社会公共福利的投入，加大对居民的转移支付，缓解其生存的压力，降低居民消费的谨慎程度。四是促进就业，鼓励创业。完善就业服务体系，实施更加积极的就业政策，发展服务业，促进中小企业发展；改善创业环境，鼓励开展各种类型的创业活动，以创业带动就业。

对于农村居民而言，增加其可支配收入可从以下四个方面考虑：一是加强对农业种植、养殖等方面的科学技术培训，加大农业生产资料价格的监管力度，降低农业生产成本，提高农民农业种植、养殖的回报率，提升农民经营性收入水平。二是应鼓励农村剩余劳动力在农闲时外出务工，并对其开展相关技术培训，提高农民务工技能。支持乡村振兴，发展特色农业，延长农业产业链，增加就业岗位，扩大其收入来源，提高其工资性收入。三是建立健全完善的土地流转制度和土地征用补偿制度，保证农村居民拥有稳定的财产收入，在此基础之上，还应该进一步拓宽农村居民其他财产收入来源，不断提升农村居民财产性收入。四是增加和落实对农业的各种补贴，加强对教育、医疗、社会保障方面的转移支付，缩小与城镇之间的差距，增加农村居民的转移收入。

7.2.2 完善相关政策和体系，降低居民预防性储蓄动机

通过分析可知，我国城乡居民仍具有较强的预防性储蓄动机，要降低居民的预防性储蓄动机，着力点在于稳定居民的收入和消费预期，降低其未来收支的不确定性。

一是改革现有居民收入分配方式，优化居民收入结构，稳步提高居民收入水平，降低居民收入风险；控制居民住房、医疗和教育等支出的过快增长，降低城乡居民消费支出的不确定性；加快社会保障体制改革和建设，建立覆盖全社会的社会保障体系等，保障居民基本的生活需求，降低未来收支的不确定性，减少预防性储蓄动机，促进居民旅游消费。

二是由于农村居民具有更高的绝对预防性储蓄动机强度，因此，应更进一步地完善农村社会保障体系，打破城乡"二元结构"。积极推进城乡一体

化建设，增加农村居民收入，提高农村居民消费水平，稳定农村居民未来的收支预期。

三是在现有消费基础上，城镇居民可能存在更多的预防性储蓄。因此，政府在完善农村社会保障体系的同时，也应该加大稳定城镇居民收入和消费预期的政策力度，如遏制城镇住房价格的过快增长，努力降低城镇居民失业率等，从而更好地缓解城镇居民对未来收入和消费不确定性的预期，降低其预防性储蓄。

7.2.3 发展普惠金融，促进消费信贷，减少流动性约束

从上面的分析可知，我国城乡居民当前旅游消费还存在较大的流动性约束，所以发展普惠金融、促进消费信贷可以减少城乡居民流动性约束、促进旅游消费发展。

发展普惠金融，第一要建立普惠性金融体系。将包括穷人在内的金融服务有机地融入微观、中观和宏观三个层面，让更多的普通客户群体获益，对那些较为贫困和较为偏远地区的客户开放金融市场，使普惠金融做到名副其实的普惠居民。第二要培育普惠金融服务资金供给机构。培育大量有实力、可持续的金融服务供给者为贫困和低收入客户服务并展开竞争。国内服务供给者应正常地从国内的融资来源获得资金，以实现取之于民的普惠资金和用之于民的普惠资金。第三建立普惠金融文化，促进贫困居民合理适度进行融资发展经济和提高生活质量的金融融资观。

在普惠金融的基础上，稳步发展消费信贷，吸引更多的居民使用信贷形式进行适度旅游消费。消费信贷本质上是将未来的预期收入进行提前消费，因此，要引导居民消费信贷，就得让广大居民拥有较高且稳定的收入预期。可以稳步提高城乡居民收入水平，通过完善社会保障制度、减少其未来收支的不确定性来提高居民未来收入预期。为我国城乡居民营造安全、宽松的消费信贷环境。通过电视、广播等传统媒体和微博、微信等新兴媒体传播、推广和倡导合理的消费文化，鼓励广大居民进行合理的信贷消费。另外，政府还应该并采取各种优惠措施，加大对金融机构发展消费信贷业务的支持力

度，金融机构也应多样化居民个人信贷产品，从而吸引城乡居民通过信贷进行适度的旅游和消费。

7.2.4　深化旅游供给侧改革，促进旅游产品和业态创新

供给侧改革的目的就是要扩大有效供给，从而实现要素的最优配置。因此，在强调需求侧的同时，注重旅游业供给侧的改革，加大旅游产品和旅游业态创新，拓展旅游产业链，推动旅游产业转型升级，从而促进旅游消费的升级和发展。

一是加强旅游公共服务，提升旅游服务质量。旅游产品是体验产品，为居民提供精准优质的服务是提升旅游服务质量的关键。因此，要提升旅游管理水平、强化服务意识、完善游览及服务设施、优化游览秩序、丰富旅游服务内容，为游客提供安全、便捷、文明、舒心的旅游环境。

二是加大旅游产品创新和旅游业态创新。在对城乡居民旅游需求分析的基础上，加大旅游产品的创新，丰富旅游产品，提升旅游产品质量。随着经济的发展和居民生活水平的提升，居民的旅游需求也越来越多样化、个性化和品质化，为适应这种变化，尽快推出一批特色鲜明、吸引力强、具有影响力和市场竞争力的旅游新产品。

三是发展"旅游＋"，拓展旅游供应链，促进旅游与一二三产业的融合，促使旅游与文化、生态、美丽乡村、体育、科技、研学等融合发展，构建"旅游＋产业"，发展美丽乡村休闲旅游、森林氧吧养生疗养旅游、温泉胜地康体健身旅游、古都史地研学增知旅游、特色文化体验旅游等旅游业态，实现我国旅游业的转型、升级。

四是集中整合区域旅游资源，实施全域旅游。形式多样、内容差异化的全域旅游逐渐成为旅游新趋势，需对区域内各类资源进行整合，共享利用、联动开发，实现旅游资源在空间上由点状向面状发展，转变单一景区模式，形成"食、住、行、游、购、娱"和"商、养、学、闲、情、奇"协调发展的全域旅游模式。

五是利用"互联网＋"，创新旅游运营模式。大力发展"互联网＋旅

游"，将旅游业与互联网技术融合，构建网络信息平台，整合旅游资源，加强与旅游电商的合作，使营销更加贴近旅游消费群体，更好地满足其多样化、个性化需求。

7.2.5 深化假日制度改革，为旅游消费的有效增长提供体制保障

闲暇时间是居民选择外出旅游的前提条件。居民闲暇时间多而集中，则会倾向于选择较远的旅游目的地，并可能有更长的逗留时间。而且时间越长的集中休假对旅游经济的影响越明显，时间短的集中休假对旅游经济的影响不突出（宋琳，2017）。因此，要切实深化节假日制度改革，为旅游消费的有效增长提供保障。

一是继续保持现有节假日时间安排，努力提高居民实际休息时间。当前我国的节假日时间总和为 114 天，接近全年总时间的 1/3，已基本与国际先进水平接轨，今后在缩减周工作日，增加总休假时间方面的余地不多，因此，只有积极利用长假制度促进居民旅游消费。现有的问题是，虽然"十一""五一"等假日为国家法定节假日，但许多企业以各种理由强行要求职工加班，使职工的实际休息时间少于名义休息时间，在一定程度上阻碍了旅游消费的发展，因此，企业应以提高效率为重点，按照国家假日制度安排，保障职工的合法休息需求，增加其实际休息时间。

二是实行灵活弹性的工作安排，充分发挥企业增加人们休闲时间的潜能。在国家增加居民休息时间余地有限的情况下，政府可以引导企业以提高效率为前提，实行灵活弹性的工作安排，自主缩减工作时间，以增加节假日时间和调整节假日结构。灵活弹性的工作时间安排可以满足员工想得到更多闲暇时间的需要，在提升闲暇时间连续度的同时，提高了休闲活动的选择度，对促进旅游消费具有一定的现实意义。

三是完善并积极推行带薪休假制度。借鉴国外带薪假日制度，积极推行我国带薪假日制度改革。如可以借鉴美国的做法，国家并不通过行政手段和法律手段强制执行带薪休假制度，而是制定带薪休假制度的指导性标准，以

提高劳动生产率为前提，由劳资双方协商确定带薪假日。政府可以通过各种优惠政策对企业带薪假日进行控制，企业根据指导性标准，自主实施带薪休假制度，带薪假日可多可少，也可以完全不受限。同时，推行带薪休假汇率制（杨劲松，2006），即带薪假日的享受随时间的不同而不同，在旅游旺季能享受的休假天数少于旅游淡季享受的休假天数；对于自愿放弃法定节假日的员工，在享受经济补偿的同时，可以为其提供更多的带薪假日，以缓解休假时间的集中性。

7.2.6　优化旅游消费环境，提升居民旅游消费信心

优化旅游消费环境可以从三方面入手。

一是更新消费观念，推动消费增长。随着我国经济水平的持续增长，消费成为经济持续发展的新的推动力，因此，在现有的经济条件下，在提倡节俭的同时，应鼓励适度消费。对于那些随着生产的发展而不断增产、能提高人民的物质和文化生活需要的产品，比如旅游，则要相应扩大消费，而不能片面地讲求节约。在一定条件下要划清合理节俭与无谓浪费的界线，同时对居民消费观念进行长期的宣传引导，不能一蹴而就。可以借鉴国外的经验，进行全民休闲教育，培养和提高城乡居民的旅游消费素养，通过电视、网络等大众传媒介绍科学的旅游消费知识，树立人们"旅游消费是为了更好地工作""旅游消费创造财富"等旅游消费意识，更新居民消费理念，使他们主动进行创新性的旅游消费。

二是拓宽旅游融资渠道，加大投资力度，着力完善旅游基础设施和旅游配套设施，解决旅游发展的瓶颈限制，增强旅游接待能力；建立食、住、行、游、购、娱及信息服务等旅游要素配套齐全、功能完善、结构合理的旅游服务体系，营造良好的旅游环境，增强旅游者的愉悦感，激发出游动机，刺激旅游消费需求。

三是建立市场竞争机制，强化管理，全面提升旅游服务质量。将旅游企业和服务机构推向市场，建立服务质量定级制度，将旅游服务质量纳入考评体系，通过引入竞争机制，推动旅游企业和旅游服务机构的服务质量建设；

通过实行员工持证上岗制度、岗位责任制、定期考核制度、奖惩制度及培训制度等，规范旅游服务人员的行为，提高旅游服务人员的从业素质、业务能力和服务质量；向旅游目的地居民宣传发展旅游的重要性，对居民进行旅游相关知识的专门培训，树立居民"人人都是旅游环境""人人都是主人翁""人人都要为旅游发展作贡献"的理念，培育目的地居民热情好客、主动服务的意识，塑造良好的旅游目的地形象。

7.3　不足与展望

在前面相关研究的基础之上，本书对我国城乡居民国内旅游消费需求特征进行了较为详细的统计分析，探讨了城乡居民国内旅游消费需求与收入的历史演变及两者的相关性，以西方经典收入假说理论为理论基础，构建旅游消费需求函数模型，深层次了解城乡居民收入与国内旅游消费需求之间的内在关系，通过各消费函数模型的实证检验，探讨各模型在解释我国城乡居民国内旅游消费需求时的适用性和准确性，根据检验结果，并结合我国城乡居民国内旅游发展现状，对城乡居民国内旅游消费需求变化趋势作出预测，并据研究结论提出促进城乡居民国内旅游消费的对策建议。本书对弥补旅游消费理论研究不足，促进城乡居民国内旅游消费增长具有一定的理论及现实意义。但由于研究问题的复杂性和动态性、旅游统计数据的局限性，仍有一些问题有待进一步研究。

一是我国国内旅游消费需求变化趋势的定量预测有待进一步研究。本书基于西方收入假说理论构建我国国内旅游消费需求函数，并利用我国城乡居民国内旅游消费数据和人均可支配收入数据对各消费函数进行实证检验，以此来验证各收入假说在解释我国城乡居民国内旅游消费实际时的适用性，通过各种检验认为基于生命周期假说构建的旅游消费函数能较好地解释我国农村居民国内旅游消费行为，基于预防性储蓄和流动性约束理论构建的旅游消费函数能够较好地解释我国城乡居民国内旅游消费行为。因为生命周期理论只能解释我国农村居民旅游消费行为，预防性储蓄和流动性约束理论可以解释城乡居民国内旅游消费行为，但最后推导出的联合模型较为复杂，包含多个变量，其可以反映城乡居民旅游消费时的预防性储蓄动机和流动性约束的大小，但难以用常规方法定量预测城乡居民国内旅游消费需求未来的变化趋势。基于此，本书基于生命周期理论、预防性储蓄和流动性约束理论，根据影响居民旅游消费的一些重要因素，如收入、闲暇时间及消费环境等未来的变化趋势，对我国城乡居民国内旅游消费需求的未来变化趋势进行了定性的预测分析。因此如何运用验证后的模型对我国城乡居民未来的旅游消费需求变化趋势作出定量预测是需要进一步深入研究的问题。

二是在定量预测模型中应尽可能地考虑除收入外的其他影响因素。对城乡居民国内旅游需求趋势进行预测时应综合考虑各种影响因素，建立定量预测模型。本书主要基于收入假说理论构建旅游消费函数模型，探讨各模型在解释我国国内旅游消费时的适用性，根据模型检验结果，分析我国城乡居民收入与国内旅游消费之间的关系，并预测我国城乡居民国内旅游消费的发展趋势。因此，收入是各消费模型中的主要变量。旅游消费不同于一般消费，还受闲暇时间等因素的影响，因此，如何在构建旅游消费函数以预测其未来发展趋势时加入时间等变量，使得预测结果更加准确客观，需要进一步深入研究。

三是本书基于收入假说理论构建模型，通过各模型的实证检验，结合其他学者的研究结论，最后认为流动性约束和预防性储蓄假说能较好地解释我国城乡居民国内旅游行为，因此，本书基于该假说，结合旅游消费特征和我国城乡居民国内旅游消费现状，从城乡居民未来收入变化、闲暇时间的变化、流动性约束和预防性储蓄动机的变化以及旅游供给环境的变化四个方面对城乡居民国内旅游消费需求变化趋势作出了预测。但影响旅游消费的因素较多，而且城乡居民消费特征不同，消费条件和消费环境不同，其旅游消费影响因素也存在差异，且各影响因素的影响大小也不同，因此，在对我国城乡居民国内旅游消费需求趋势进行定性预测时，准确判断各自的主要影响因素，并深入分析各影响因素影响的大小，在此基础上作出更为客观准确的预测。

参考文献

［1］安格斯·迪顿．理解消费［M］．上海：上海财经大学出版社，2003.

［2］白海霞．供给侧改革下旅游地旅游供应链创新发展研究［J］．高师理科学刊，2019（4）.

［3］陈冲．人口结构变动与农村居民消费——基于生命周期假说理论［J］．农业技术经济，2011（4）.

［4］陈德艳．基于ARMA模型的中国城乡收入差距的预测［J］．辽宁石油化工大学学报，2011（1）.

［5］陈浩．习惯形成、消费异质性与我国城镇居民消费潜力释放［D］．济南：山东大学，2019.

［6］陈显军．广西旅游业供给侧改革动力——产业链变化及布局［J］．边疆经济与文化，2019（7）.

［7］陈享光．孙科．转移性收入的城乡不平衡问题研究［J］．学习与探索，2013（6）.

［8］陈燕武．消费经济学——基于经济计量学视角［M］．北京：社会科学文献出版社，2008.

［9］代洪伟．时间序列分析在我国居民消费价格指数中的应用研究［D］．合肥：合肥工业大学，2012.

［10］丁忆．中国国内旅游消费理论与实证研究［D］．上海：华东师范大学，2011.

［11］范翠莲．浅议更新消费观念［J］．中州大学学报，2001（1）．

［12］丰之．消费观念也要更新［J］．价格理论与实践，2008（3）．

［13］付艳，简王华，张建辉．引入收入和消费结构变量的城市居民国内旅游消费函数计量分析——以上海、南宁为例［J］．旅游论坛，2011（3）．

［14］高铁梅．计量经济分析方法与建模 Eviews 应用及实例［M］．2 版．北京：清华大学出版社，2009．

［15］高元衡，王艳，吴琳，等．实践到认知：全域旅游内涵的经济地理学理论探索［J］．旅游论坛，2018（5）．

［16］耿楠．中国进出口贸易的实证研究——基于协整分析与误差修正模型［J］．对外经贸大学学报，2006（4）．

［17］韩玉灵．中国旅游法制四十年：为旅游业健康发展保驾护航［J］．中国旅游报．2019，1（29）．

［18］何剑．计量经济学实验和 Eviews 使用［M］．北京：中国统计出版社，2010．

［19］贺小海，刘修岩．我国旅游业发展与经济增长关系的协整分析［J］．兰州学刊，2007（9）．

［20］胡双．消费信贷发展对居民消费行为的影响——基于多国数据的比较研究［D］．北京：外交学院，2018.6．

［21］家肖连．广西城镇居民消费函数实证分析［D］．南宁：广西大学，2001．

［22］江勇，袁和平．宏观经济管理学［M］．武汉：武汉大学出版社，2005．

［23］靳晓理．民生问题的和谐解［D］．济南：山东经济学院，2011．

［24］孔威．时间序列分析在 CPI 中的应用研究［D］．延吉：延边大学，2014．

［25］李国璋，江金荣，陈敏．协整理论与误差修正模型在实证应用中几个问题的研究［J］．统计与信息论坛，2010（4）．

［26］李薇．不安全感、预防性储蓄与我国居民消费不足的实证研究［D］．大连：东北财经大学，2010，11．

［27］李潇璇．旅游产品开发规划的理念和途径探讨［J］．山东农业工程学院学报，2019（6）．

［28］李莹．时间序列分析在山东省 GDP 预测中的应用研究［D］．济南：山东大学，2011．

［29］李子奈，潘文卿．计量经济学［M］．4 版．北京：高等教育出版社，2015．

［30］李子奈，叶阿忠．高级应用计量经济学［M］．北京：清华大学出版社，2012．

［31］厉以宁．中国宏观经济的实证分析［M］．北京：北京大学出版社，1992．

［32］林南枝，陶汉军．旅游经济学［M］．天津：南开大学出版社，1994．

［33］林志达．相对收入假说和持久收入假说的实证检验——基于福建省数据［J］．区域经济与产业经济，2013（1）．

［34］刘旦．中国城镇住宅市场财富效应分析——基于生命周期假说的宏观消费函数［J］．首都经贸大学学报，2007（4）．

［35］刘德谦．"十一五"期间中国国内旅游发展的趋势与预测（上）［J］．北京联合大学学报，2007，15（5）．

［36］刘基良，徐全智．时间序列协整关系的存在性及检验方法［J］．科技信息，2013（5）．

［37］刘霁雯．我国居民收入与国内旅游消费关系研究［D］．上海：华东师范大学，2011．

［38］刘晶晶，黄璇璇，林德荣．房地产价格对城镇居民旅游消费的影响研究——基于动态面板数据的分析［J］．旅游学刊，2016，31（5）．

［39］刘硕．基于协整—误差修正模型的我国经济周期与能源消费周期关系研究［D］．湘潭：湖南科技大学，2010．

［40］刘莹．陕西省居民收入与消费的研究——基于永久性收入假说模型的分析［J］．内蒙古科技与经济，2008（1）．

［41］龙志和，周浩明．西方预防性储蓄假说述评［J］．经济学动态，2000（3）．

［42］罗伯特·J. 巴罗. 宏观经济学：现代观点［M］. 上海：上海人民出版社，2009.

［43］罗明义. 现代旅游经济学［M］. 3 版. 昆明：云南大学出版社，2001.

［44］罗晰文. 西方消费理论发展演变研究［D］. 大连：东北财经大学，2014.

［45］马立平. 居民消费的定量研究方法与应用［D］. 北京：首都经济贸易大学，2006.

［46］莫增文. 基于时间序列分析技术的预测模型设计与应用［D］. 北京：中国科学院大学，2014.

［47］宁士敏. 现阶段我国旅游消费发展环境与基本特征［J］. 经济界，1999（4）.

［48］庞浩. 计量经济学［M］. 2 版. 北京：科学出版社，2010.

［49］庞世明. 中国旅游消费函数实证研究［J］. 旅游学刊. 2014，3（29）：31－39.

［50］庞世明. 中国旅游消费函数实证研究——兼与周文丽、李世平商榷［J］. 旅游学刊，2014（3）.

［51］任英华. Eviews 应用实验教程［M］. 长沙：湖南大学出版社，2008.

［52］斯密斯. 旅游决策分析方法［M］. 李天元等译. 天津：南开大学出版社，2006.

［53］斯密斯. 旅游决策与分析方法［M］. 南开大学旅游系译. 北京：中国旅游出版社，1991.

［54］宋琳. 中国集中休假制度对旅游经济的影响研究［D］. 济南：山东大学，2018，12.

［55］粟娟. 旅游消费经济学［M］. 成都：西南交通大学出版社，2014.

［56］孙佳丽. 基于生命周期假说的我国消费函数的实证分析［J］. 时代金融，2014（9）.

［57］田里. 旅游经济学［M］. 2 版. 北京：高等教育出版社，2002.

［58］田里．旅游经济学［M］．北京：高等教育出版社，2006.

［59］童光荣．计量经济学［M］．武汉：武汉大学出版社，2006.

［60］王克稳．房地产和保险对居民旅游消费的影响研究——兼与刘晶晶、黄璇璇、林德荣商榷房地产财富效应的地区差异［J］．旅游科学，2019，33（1）.

［61］王克稳．房地产和金融资产对居民旅游消费的影响研究——基于中国家庭金融微观调查数据的实证检验［J］．旅游科学，2017，31（6）.

［62］王萌．改革开放40年中国居民收入分配格局变化研究［J］．理论月刊，2019（2）：120–125.

［63］王晓凤．丹东市城镇居民消费函数的实证分析［J］．辽东学院学报（自然科学版），2006（3）.

［64］王选选．就业、住房、教育和医疗保险制度改革对居民消费影响分析［J］．山西财经大学学报，2000（4）.

［65］魏宁，边宽江，袁志发．基于ARIMA模型的陕西省GDP分析与预测［J］．安徽农业科学，2010（9）.

［66］夏杰长，瞿华．我国农村居民国内旅游消费和收入水平的关系研究——基于1994~2010年数据的协整检验和格兰杰因果检验［J］．北京第二外国语学院学报，2013（1）.

［67］夏杰长，徐金海．中国旅游业改革开放40年：回顾和展望［J］．经济与管理研究．2018，6（39）.

［68］谢彦君．基础旅游学第二版［M］．北京：中国旅游出版社，2007.

［69］谢彦君，那梦帆．中国旅游40年研究中的理论发育及其角色演变［J］．旅游学刊．2019，2（34）：13–15.

［70］徐翠蓉，等．一般消费函数理论可否解释中国城乡居民旅游消费？——对我国城乡居民旅游消费函数的实证分析［J］．商业研究，2017.10.

［71］徐翠蓉，张广海，汪立新．一般消费函数理论可否解释中国城乡居民旅游消费？——对我国城乡居民旅游消费函数的实证分析［J］．商业研究，2017（10）.

［72］徐远华．欠发达地区农民消费与持久收入假说——以重庆为例

［J］．科学决策，2013（5）．

　　［73］杨思凡．时间序列建模与预测——以美国失业率数据为例［D］．北京：清华大学，2014．

　　［74］杨天宇．中国居民转移性收入不平等成因的实证分析［J］．中南财经政法大学学报，2018（1）．

　　［75］杨勇．收入来源、结构演变与我国农村居民旅游消费——基于2000～2010年省际面板数据的实证检验分析［J］．旅游学刊，2015，30（11）．

　　［76］叶斐．基于ARMA模型的上海市人均GDP时间序列分析与预测［J］．价值工程，2011（2）．

　　［77］伊志宏．消费经济学［M］．2版．北京：中国人民大学出版社，2012．

　　［78］易行健，盛威，杨碧云．家庭收入与人口结构特征对旅游支出的影响效应——基于中国城镇住户调查数据的经验证据［J］．消费经济，2016，32（4）．

　　［79］尹世杰，蔡德容．消费经济学原理修订版［M］．北京：经济科学出版社，2000．

　　［80］尹世杰．消费经济学［M］．长沙：湖南人民出版社，1999．

　　［81］于淑波，高琳琳．基于持久收入假说的中国农民消费分析［J］．安徽行政学院学报，2007（11）．

　　［82］余杰．乡村旅游产业供给侧结构性改革的推进策略［J］．农业经济，2019（8）．

　　［83］俞恰．我国消费函数理论的实证性分析［D］．长春：东北师范大学，2012．

　　［84］曾博伟．中国旅游业发展笔谈——品质旅游［J］．旅游学刊．2018，12（33）．

　　［85］曾博伟．中国旅游业发展笔谈——中国旅游40年发展经验与总结［J］．旅游学刊．2018，2（34）．

　　［86］曾康华．计量经济学［M］．北京：清华大学出版社，2016．

　　［87］张安全，凌晨．习惯形成下中国城乡居民预防性储蓄研究［J］．

统计研究，2015.32（2）.

[88] 张邦科，邓胜梁. 持久收入理论与我国城乡居民消费——基于省际面板数据的检验 [J]. 上海经济研究，2012（1）.

[89] 张凤. 基于持久收入假说的城镇和农村居民居住消费支出比较研究 [J]. 农村经济，2015（6）.

[90] 张辉，厉新建. 旅游经济学原理 [M]. 北京：旅游教育出版社，2004.

[91] 张凯，李磊宁. 农民消费需求与农村金融发展关系研究——基于协整分析与误差修正模型 [J]. 中国农村观察，2006（3）.

[92] 张利亚. 基于协整与误差修正模型的预测 [D]. 武汉：武汉科技大学，2006.

[93] 张小雪，陈万明. 中国对外贸易与就业：基于协整和误差修正模型的分析 [J]. 浙江工商大学学报，2006（6）.

[94] 张晓彤. Eviews 使用指南与案例 [M]. 北京：机械工业出版社，2007.

[95] 张学功，林莉. 中国城镇居民消费对持久收入的缓慢调整 [J]. 上海经济研究，2014（9）.

[96] 张云亮，冯珺. 中国家庭收入来源差异与旅游消费支出：基于中国家庭金融调查 2011—2015 年数据的分析 [J]. 旅游学刊，2019（5）.

[97] 郑功成. 新中国 70 年社会保障发展的理论与实践逻辑 [N]. 光明日报，2019 - 10 - 08.

[98] 周方围. 甘肃省旅游消费对经济增长的影响分析 [D]. 兰州：西北师范大学，2014（5）.

[99] 周建. 经济转型期中国农村居民预防性储蓄研究——1978～2003 年实证研究 [J]. 财经研究.2005，8（31）.

[100] 周文丽. 城乡居民国内旅游消费特征统计研究 [J]. 旅游论坛，2011（8）.

[101] 周文丽，李世平. 基于 ELES 模型的城乡居民国内旅游消费结构实证分析 [J]. 旅游科学，2010，24（3）.

［102］周文丽，李世平．基于凯恩斯消费理论的旅游消费与收入关系实证研究［J］．旅游学刊，2010，25（5）．

［103］周文丽．旅游学概论［M］．兰州：敦煌文艺出版社．2016.

［104］周文丽．我国城乡居民国内旅游消费对经济增长的影响研究［D］．杨凌：西北农林科技大学，2011.

［105］朱波，杭斌．流动性约束、医疗支出与预防性储蓄——基于我国省际面板数据的实证研究［J］．宏观经济管理，2015（3）．

［106］朱高林．十八大以来我国居民收入差距的变化及发展趋势［J］．求实，2018（2）：47－58.